사계절 손뜨개

Everyday with knit

Everyday with knit

사계절 손뜨개

2012년 7월 30일 | 초판 1쇄 발행
2018년 11월 5일 | 초판 4쇄 발행

지은이 | 최현정
발행인 | 이원주

임프린트 대표 | 김경섭
기획편집 | 정은미 · 권지숙 · 송현경 · 정인경
디자인 | 정정은 · 김덕오
마케팅 | 윤주환 · 어윤지
제작 | 정웅래 · 김영훈

발행처 | 미호
출판등록 | 2011년 1월 27일(제321-2011-000023호)
주소 | 서울특별시 서초구 사임당로 82
문의전화 | 편집 (02)3487-1650 · 영업 (02)2046-2800

ISBN 978-89-527-6637-3 13590

코바늘·대바늘로 만드는
패션&인테리어 소품 30

사계절
손뜨개

최현정 지음

Everyday with knit

마호

Prologue

소소한 행복이 담긴 작은 손뜨개 선물

겨울 니트류가 아닌 코바늘, 대바늘을 이용해 계절과 상관없는 소품을 만드는 것. 이번 책을 만들 때 제게 떨어진 이 숙제가 쉽지만은 않았어요. 실용적이면서도 귀여운 소품을 구상하고 기존과 다른 다양한 패턴을 연구하는 과정, 그 아이디어를 완성 작품으로 표현하는 게 뿌듯하기도 했지만 그만큼 시행착오도 많았거든요. 그래도 이렇게 또 한 권의 책이 마무리되어 가는 것을 보니 역시 고민하길 잘했구나 싶네요.

손뜨개로 소품을 만드는 느낌을 감히 표현하자면 '소소한 행복, 작은 선물'이라 대답하고 싶어요. 아기자기한 인테리어 소품이나 액세서리, 가방 등을 뜨는 비교적 짧은 시간 동안 '누구에게 선물할까?'라는 질문이 계속 머릿속을 스치거든요. 내 삶에 들어와 있는 수많은 사람들의 얼굴을 하나하나 떠올리며 작은 선물을 완성하는 것. 생각만으로도 근사하죠? 작은 인형과 파스텔 도일리, 은은한 자수가 매력적인 파우치로 행복을 나눠보세요.

손뜨개 하면 두텁고 포근한 것만 떠올렸던 많은 독자들에게 몇 가지 진실을 더 전하고 싶어요. 손뜨개 제품으로도 얼마든지 톡톡 튀는 색감을 낼 수 있다는 것, 포근한 느낌은 그대로 살리고 시원함과 실용성을 담뿍 담았다는 것, 마지막으로 모양이 투박하지 않고 오히려 세련미가 묻어난다는 것입니다. 제가 느낀 감동과 행복이 더 많은 독자들에게 전해지길 바라며 책 만드는 동안 도움을 준 지인들에게 감사의 인사를 전합니다.

작품 함께 만드느라 애써준 기선, 현주, 미자, 해자, 정화, 주연, 보령, 지숙, 원경 선생님 모두 고생 많았어요. 이번에는 특별히 모델로도 참여한 보령이 그리고 내 딸 지아야, 정말 고마워. 항상 저를 응원해주는 가족들과 짜임 공방 식구들, 제 책과 작품을 사랑해주는 모든 독자들에게 깊은 감사를 표합니다.

최현정 드림

Contents

Part 1

주방&인테리어 소품

Part 2

팬시&액세서리

Part 3

가방&파우치

Lesson 01 손뜨개·코바늘 도구 총정리

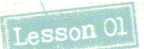

A 뜨개용 실

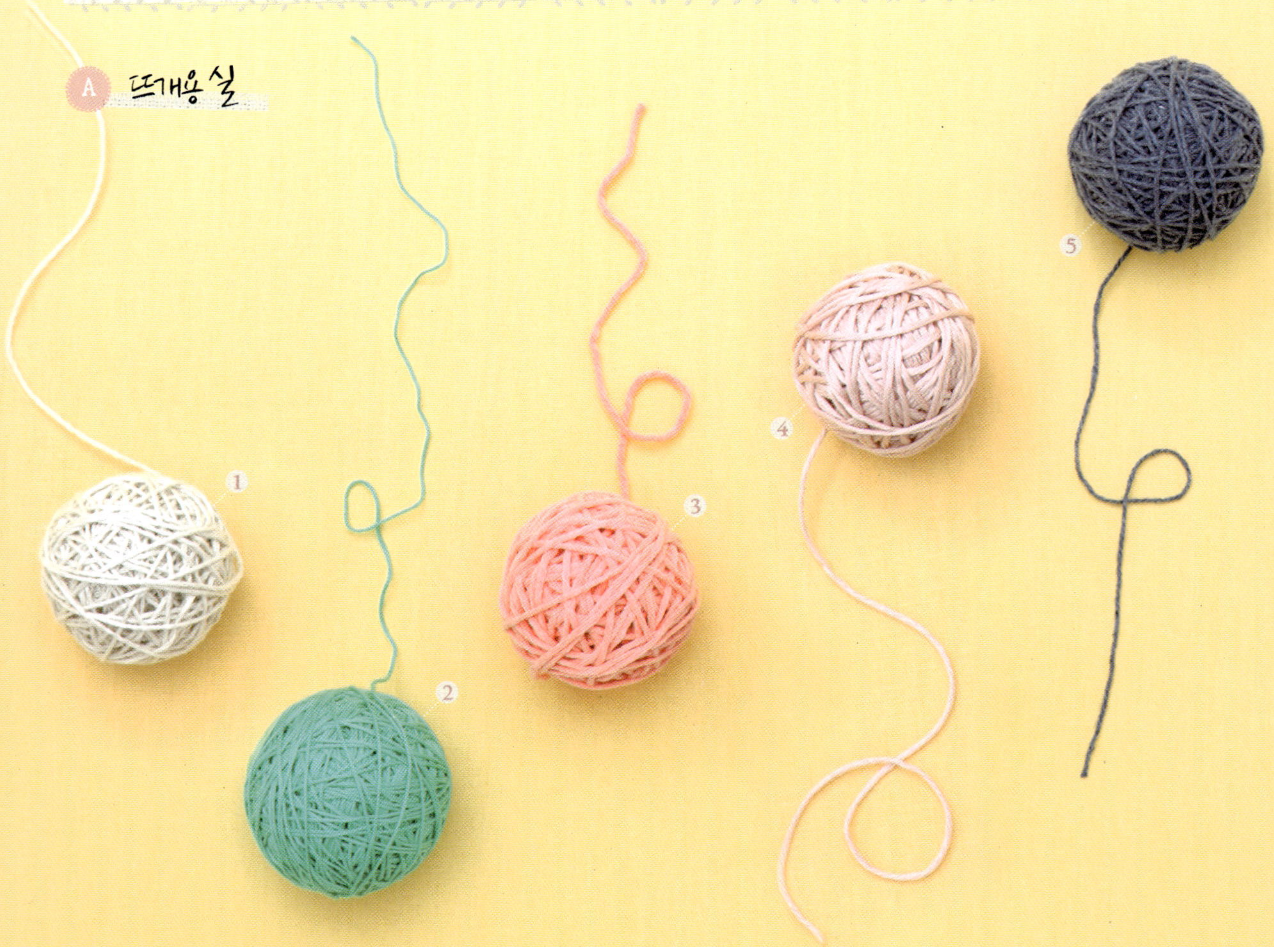

1 린넨 마사

섬유 특성상 뻣뻣함이 느껴지지만 통기성이 좋아 여름용 니트, 가방 등을 뜨기에 적합하다. 울이나 코튼에 비해 세탁이 간편하다.

2 가는 면사

3.0~3.5mm 굵기의 바늘을 사용해 뜨는 부드러운 실. 감촉도 좋지만 색감이 예쁘고 다양해 컬러풀한 느낌의 작은 소품을 만들기에 적합하다.

3 굵은 면사

5~6mm 정도의 굵은 바늘을 이용해 뜨는 실로 러그나 쿠션 커버, 매트 등 도톰하고 폭신한 소품을 만들 때 사용한다. 두껍지만 까끌까끌한 느낌이 없어 아이들 겨울 니트를 떠줘도 유용하다.

4 실켓 면사

실크와 코튼을 혼용한 실로 실크처럼 광택이 있는 게 특징. 이 실로 뜬 여름용 베스트, 원피스 등은 입었을 때 자연스러운 피트로 떨어져 오히려 더 날씬해 보인다.

5 메리노 울

부드러운 순모 직물로 보온성이 높아 겨울용 목도리나 장갑, 옷을 뜨기에 좋은 실이다. 모 함유량에 따라 종류가 달라지는데, 보통 높은 함량의 실이 더 부드럽다.

1 메탈릭 수실

실에 펄이 섞인 것처럼 광택이 돌아 제품에 포인트를 줄 때 사용한다.

2 각종 자수실

길이는 짧지만 색감이 다양하고 부드러운 광택이 돌아 수를 놓거나 작은 모티브를 뜰 때 좋다.

3 마사

마끈, 마사 끈 등의 이름으로 알려진 실로 100% 마 소재이며 매듭실로 분류된다. 질감이 뻣뻣한 편이지만 가방 같은 소품으로 뜨면 잘 늘어나지 않는 장점이 있다. 재질 자체가 튼튼하고 모양을 잡기에도 유리하다.

4 레이온사

가방이나 모자 등을 뜰 때 주로 사용하는 전용 실로 레이온 섬유 100%로 이루어져 있다.

1 대바늘

나무 소재로 만든 뜨개용 바늘로 보통 실
굵기보다 조금 더 굵은 바늘을 사용해 뜬
다. 3mm~5mm 굵기가 가장 많이 사용되
고 끝이 막힌 것은 몸판을 뜰 때, 양쪽 끝이
뚫린 것은 모자 등 원통 모양으로 뜰 때 용
이하다.

2 줄자

뜨려는 제품의 전체 치수를 잴 때 기본적
으로 필요하다.

3 꽈배기바늘

대바늘뜨기에서 무늬뜨기를 할 때 주로 사
용하는 바늘. 가운데 부분이 활처럼 휘어져
있어 코를 빠뜨릴 염려가 적다. 교차뜨기처
럼 코를 엇갈려 뜰 때 사용하면 편하다.

4 시침핀

옆선을 꿰맬 때 시침핀으로 고정한 뒤 연
결하면 어긋나지 않는다.

5 둘레바늘(길이 40cm)

짧은 줄바늘. 둘레가 좁은 부분이나 둥글게
모자를 뜰 때 사용한다.

6 미니 방울틀

털실 방울을 쉽게 만들 수 있는 도구이다.
길이가 짧은 자투리 실로도 방울을 만들
수 있어 편리하다.

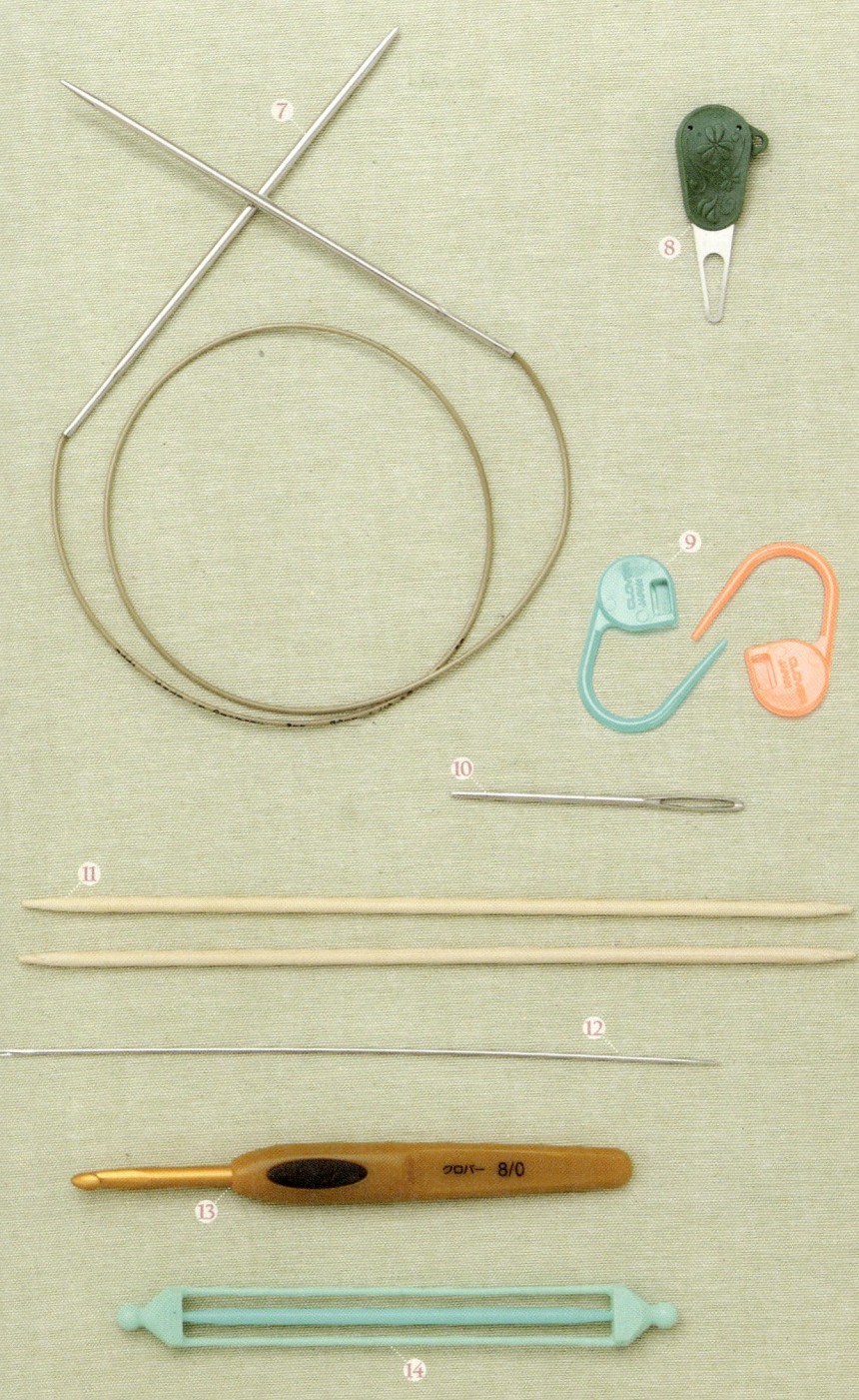

7 줄바늘(길이 80cm)

대바늘2개를 플라스틱 줄로 연결해 코가
빠질 염려가 없다.

8 실 꿰기

돗바늘의 바늘귀가 작아 실을 넣기 어려울
때 실 꿰기를 이용해 넣는다.

9 단·코 표시핀

단수와 콧수를 표시해둘 때 사용하는 도구.
뜨개질을 할 때 단수, 콧수가 달라지는 부
분에 걸어두면 일일이 세지 않아도 된다.

10 돗바늘

뜨개물의 엽선을 잇거나 코의 마지막 부분
을 마무리할 때, 장식 수를 놓을 때 등 다양
하게 사용된다.

11 짧은 막대바늘

크기가 작은 소품을 뜰 때 사용하는 바늘.
4개가 한 세트로 장갑이나 모자 등을 원형
으로 뜰 때도 쓰인다.

12 인형 장대바늘

길이가 길고 좀처럼 휘지 않는 바늘로 뜨
개 인형에 눈이나 팔, 다리 등을 달 때 주로
사용한다.

13 코바늘

대바늘과 마찬가지로 실 굵기에 따라 호수
를 선택한다. 일반 모사용과 레이스용 두
가지로 나뉘는데 모사용은 호수가 클수록
굵고, 레이스용은 그 반대이다.

14 어깨핀

뜨개물을 뜨다가 쉼코를 걸어두는 도구로
코가 빠지지 않도록 잡아주는 역할을 한다.

Lesson 02 이 책에서 사용한 부자재

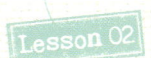

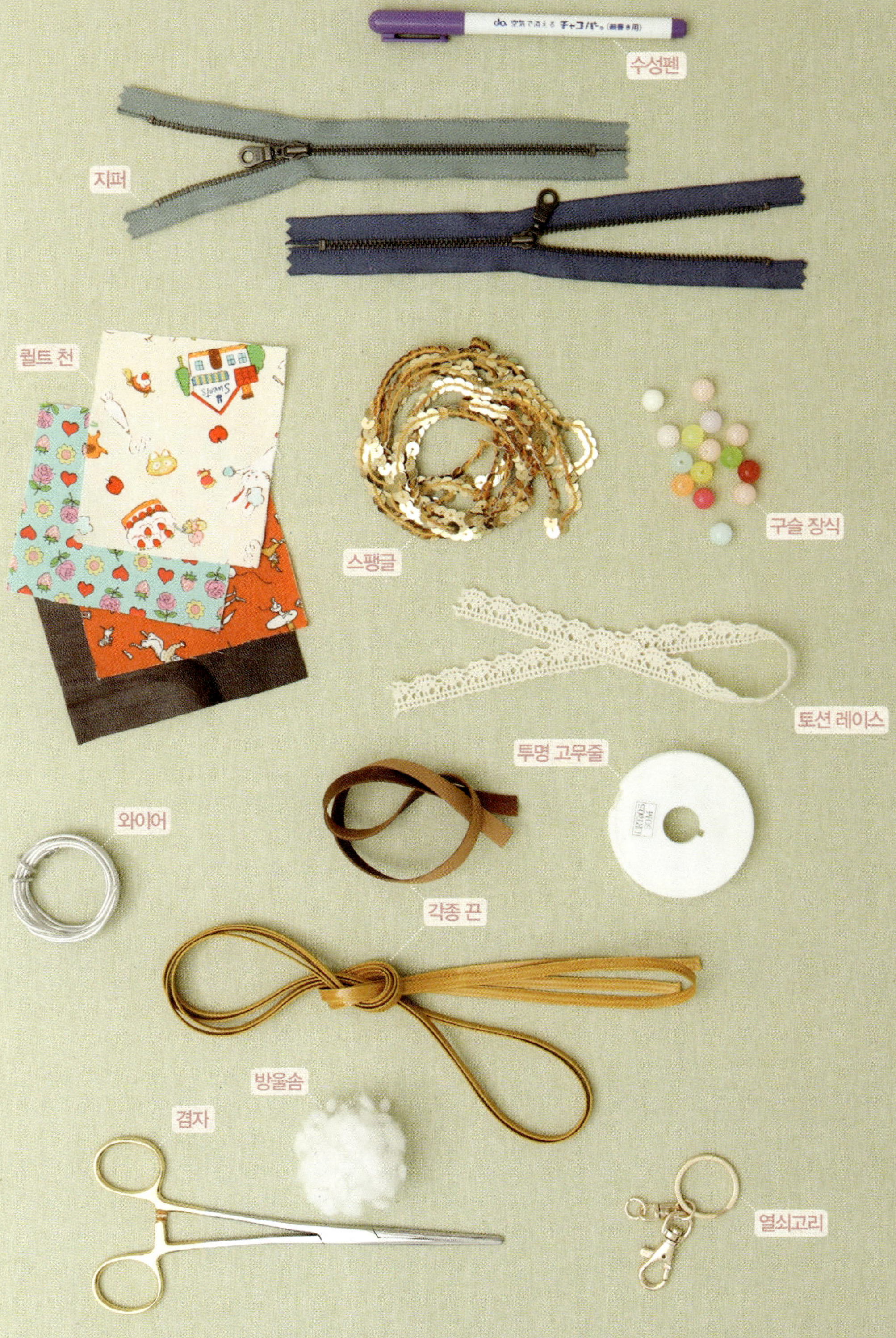
수성펜
지퍼
퀼트 천
스팽글
구슬 장식
토션 레이스
투명 고무줄
와이어
각종 끈
방울솜
겸자
열쇠고리

가죽 라벨

리본

부토니아 핀

각종 단추

펠트지

방울끈

브로치 핀대

각종 핀대

자석 스냅단추

미니 거울

마카롱

각종 핀대

대바늘뜨기

Step 1 코 만드는 법을 익혀요!

a 기본코 만들기 가장 기본적인 코 만들기 방법이에요. 초보자도 쉽게 따라할 수 있답니다.

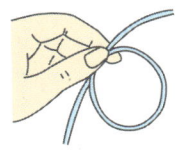 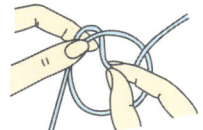 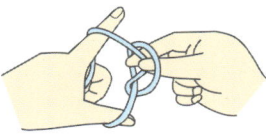 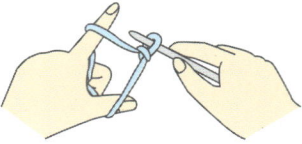

❶ 실을 원으로 만들어요.

❷ 원 안으로 실을 잡아 빼 와요.

❸ 엄지와 검지 사이에 실을 걸어요.

❹ 바늘을 끼워요.

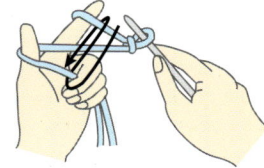 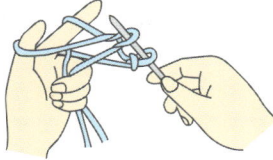 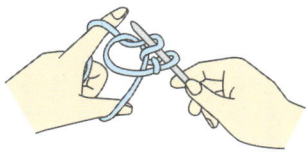 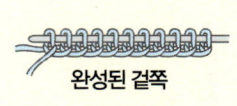

❺ 화살표 방향대로 바늘에 실을 걸어 와요.

❻ 검지 쪽의 실을 끌어오면서 엄지에 걸려 있는 실을 놓아요.

❼ 다시 엄지와 검지 사이로 실을 걸고 잡아당겨 바늘에 고정시켜요.

완성된 겉쪽

완성된 안쪽

b 원형으로 코 만들기 모자나 장갑 등을 원통으로 뜰 때 4개의 막대바늘로 뜨는 방법이에요.

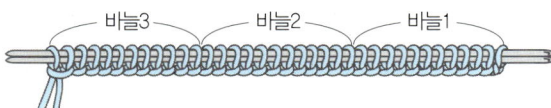

바늘3 바늘2 바늘1

❶ 필요한 콧수만큼 기본코를 잡아요.

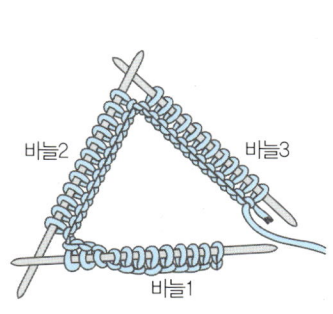

바늘2 바늘3

바늘1

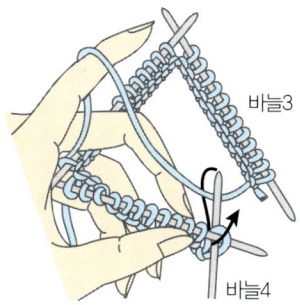

바늘3

바늘4

❷ 3등분한 코를 3개의 막대바늘에 나눠 옮겨요.

❸ 코의 겉면이 바깥쪽을 향하게 한 상태에서 네 번째 바늘을 사용하여 첫 코에 바늘을 넣고 뜨면 원형이 돼요.

a 메리야스뜨기 & 가터뜨기

메리야스뜨기

가장 기본이 되는 뜨기 방법으로, 겉쪽 면에서는 겉뜨기를 뜨고, 안쪽 면에서는 안뜨기를 떠요.

가터뜨기

겉쪽 면에서도 겉뜨기를 하고, 안쪽 면에서도 겉뜨기만을 계속 뜨는 방법이에요.

b 자주 사용하는 뜨기 기호

| 겉뜨기

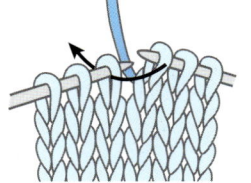 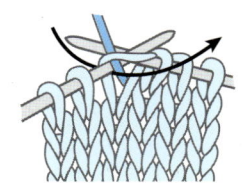 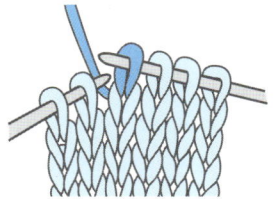

❶ 코 앞에서 오른쪽 바늘을 왼쪽 코의 뒤로 넣어요.

❷ 뒤로 넣은 바늘에 실을 안쪽으로 감은 다음 화살표 방향으로 바늘을 빼내요.

❸ 겉뜨기가 완성된 모습이에요.

— 안뜨기

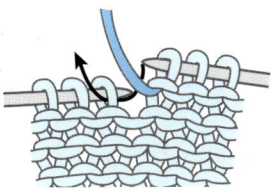 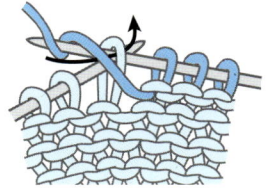 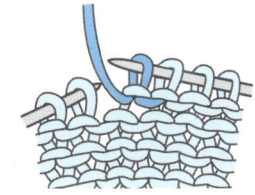

❶ 오른쪽 바늘을 왼쪽 코 뒤에서 앞으로 넣어요.

❷ 앞으로 뺀 바늘 위로 실을 돌려 감은 다음 화살표 방향으로 바늘을 빼내요.

❸ 안뜨기가 완성된 모습이에요.

⟩ 오른 코 2코 모아뜨기

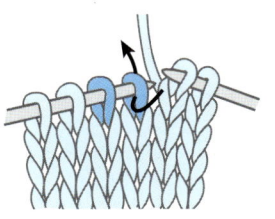 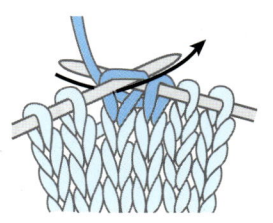 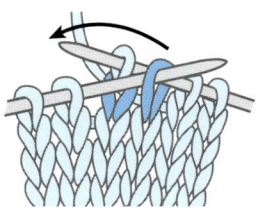

❶ 모아뜨기할 코를 뜨지 않고 오른쪽 바늘로 코를 옮겨요.

❷ ❶의 상태에서 다음 코를 겉뜨기해요.

❸ 옮겨놓았던 오른쪽 바늘의 코를 겉뜨기한 코에 덮어씌워요.

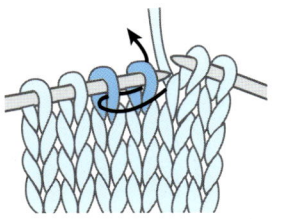 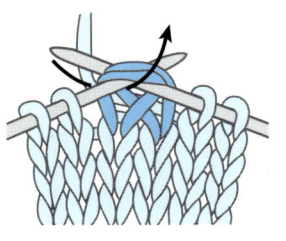 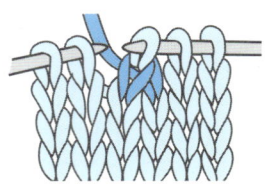

✓ 왼 코 2코 모아뜨기

① 오른쪽 바늘을 왼쪽 2코에 화
살표 방향으로 한꺼번에 넣
어요.

② 2코를 한꺼번에 겉뜨기해요.

③ 완성된 모습이에요.

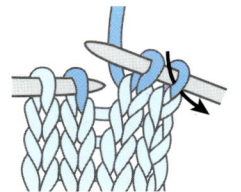 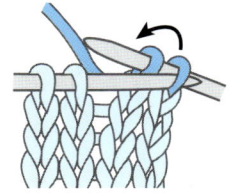 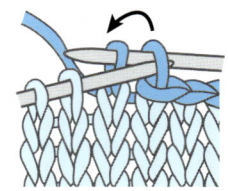

⬤ 코막음하기

① 겉뜨기한 2코 중 오른쪽 코에
왼쪽 바늘을 넣어요.

② 왼쪽 바늘을 위로 들어올려 덮
어씌워서 빼내요.

③ 다음 코를 다시 겉뜨기한 후
오른쪽 코를 들어 올려 덮어씌
우기를 반복해요.

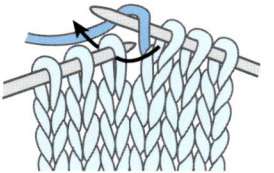 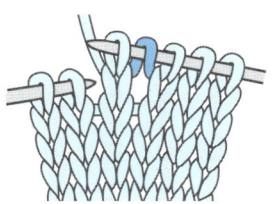 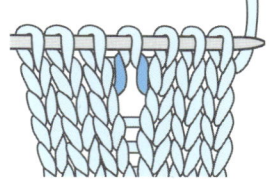

◯ 바늘비우기(구멍내기)

① 오른쪽 바늘에 실을 감고, 다
음 코에 화살표 방향으로 바늘
을 넣어요.

② 실을 감아 겉뜨기해요.

③ 다음 코부터는 그대로 겉뜨기
해요.

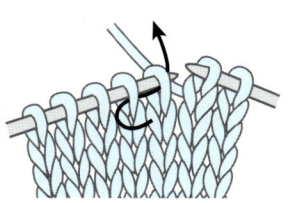 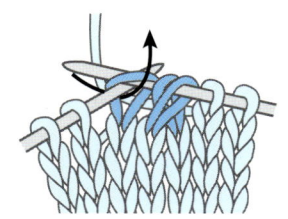 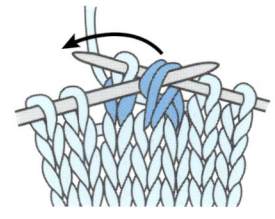

✕ 중심 3코 모아뜨기

① 2코를 뜨지 않고 화살표 방향
으로 오른쪽 바늘에 옮겨요.

② 다음 세 번째 코를 겉뜨기해
요.

③ 옮겨놓은 2코를 겉뜨기한 코
에 덮어씌우면 완성돼요.

오른 코 위 1코 교차뜨기

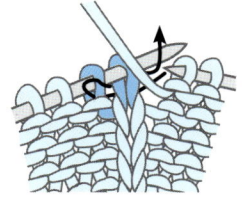

① 첫 번째 겉뜨기 코를 뜨지 않은 상태에서 그 다음 코 안뜨기를 겉뜨기 코 뒤쪽에서 바늘로 찔러요.

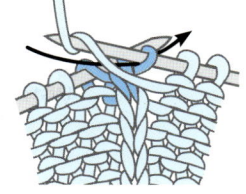

② 실을 감아 안뜨기해요.

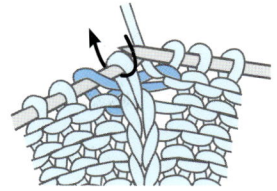

③ 첫 번째 코를 겉뜨기하고 안뜨기했던 코와 함께 한꺼번에 오른쪽 바늘에서 빼내요.

④ 완성된 모양이에요.

 왼코 위 1코 교차뜨기

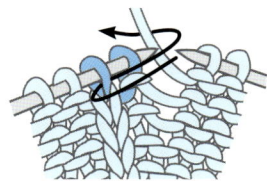

① 두 번째 코에 먼저 바늘을 넣어요.

② 겉뜨기해요.

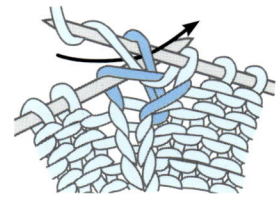

③ 첫 번째 코를 안뜨기하고 겉뜨기했던 두번째 코와 한꺼번에 오른쪽 바늘에서 빼내요.

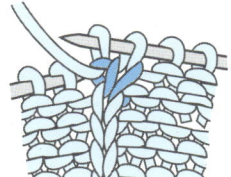

④ 완성된 모양이에요.

 **오른 코 2코와 1코 교차뜨기**

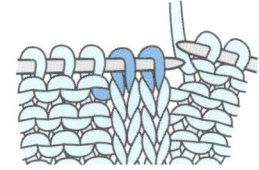

① 겉뜨기 2코를 꽈배기바늘에 옮겨 앞으로 놓아요.

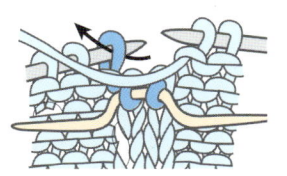

② 다음 안뜨기 1코를 먼저 떠요.

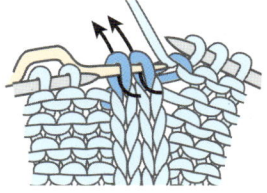

③ 꽈배기바늘에 옮겼던 코를 순서대로 겉뜨기해요.

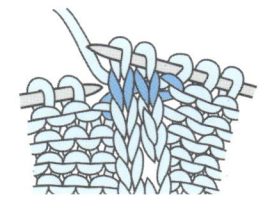

④ 교차된 모습이에요.

 **왼 코 2코와 1코 교차뜨기**

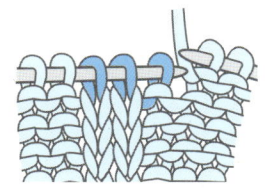

① 첫 번째 안뜨기 코를 꽈배기바늘에 옮겨 뒤로 놓아요.

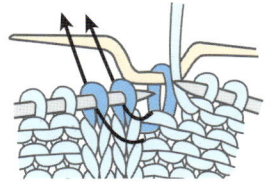

② 두, 세 번째 코를 먼저 겉뜨기해요.

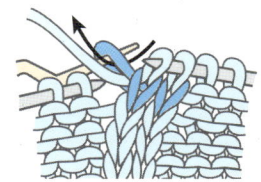

③ 꽈배기바늘에 있는 코를 안뜨기해요.

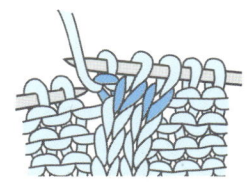

④ 교차된 모습이에요.

 **오른 코 위 2코 교차뜨기**(2:2 꽈배기뜨기)

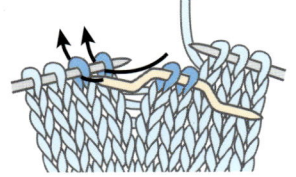

① 왼쪽의 2코를 꽈배기바늘에 옮겨 앞쪽에 놓아요.

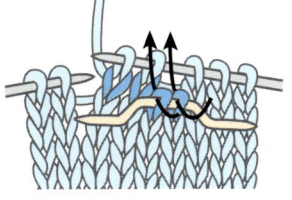

② 다음 2코를 차례대로 겉뜨기 한 뒤, 꽈배기바늘에 옮긴 코 를 1코씩 겉뜨기해요.

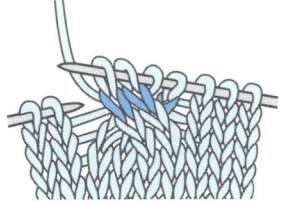

③ 교차된 모습이에요.

 **왼 코 위 2코 교차뜨기**(2:2 꽈배기뜨기)

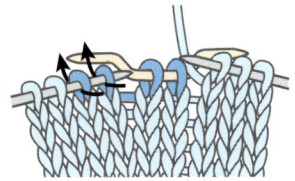

① 왼쪽의 2코를 꽈배기바늘에 옮겨 뒤쪽으로 놓아요.

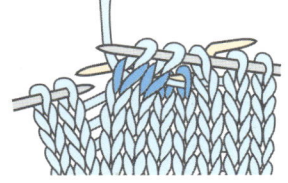

② 다음 2코를 차례대로 겉뜨기 해요.

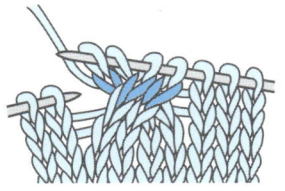

③ 꽈배기바늘에 옮긴 뒤쪽의 2 코를 겉뜨기하면 돼요.

 Step 3 코 늘리거나 줄이는 법을 배워요!

a [코 늘리기]

I	⟋	I		I	⟍	I
I	I	I	~	I	I	I

오른 코·왼 코 늘리기(겉뜨기)

① 1코 겉뜨기를 떠요.

② 바늘에 걸려 있는 코의 밑쪽 코를 끌어올려 겉뜨기해요.

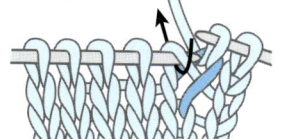

③ 원래의 코를 겉뜨기해요.

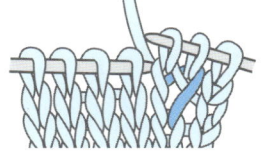

④ 코를 늘린 모습이에요.

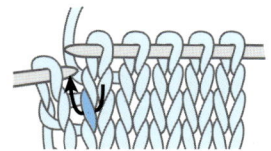

⑤ 마지막 직전의 코를 겉뜨기한 다음 그 밑의 밑쪽 코에 바늘 을 넣어요.

⑥ 끌어올려 겉뜨기해요.

⑦ 코를 늘린 모습이에요.

−		↰		−		~		−		↱		−

오른 코·왼 코 늘리기(안뜨기)

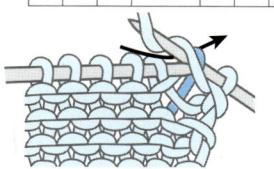
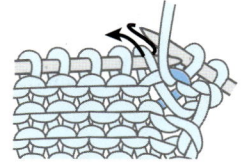
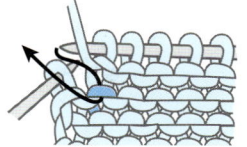
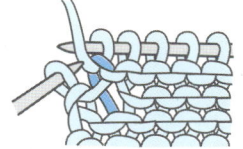

❶ 첫 코를 안뜨기한 후 두 번째 코를 안뜨기하기 전 그 밑의 코를 끌어올려 안뜨기해요.

❷ 두 번째 코를 안뜨기해요.

❸ 마지막 1코 직전까지 안뜨기 한 다음 그 밑의 밑 코를 끌어 올려 안뜨기해요.

❹ 코를 늘린 모습이에요.

			Ω									Ω			

꼬아뜨기로 코 늘리기(겉뜨기)

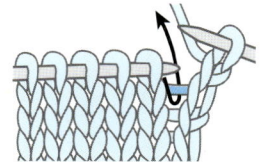
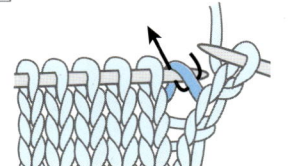
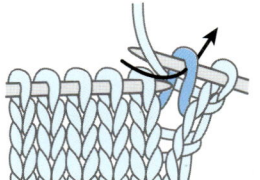

❶ 첫 코를 겉뜨기한 후 코와 코 사이의 가로 방향 실을 들어 올려요.

❷ 바늘에 걸어요.

❸ 걸어 올린 코를 뒤로 찔러 꼬 아뜨기해요.

❹ 꼬아뜨기로 코를 늘린 모습이 에요.

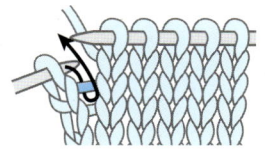
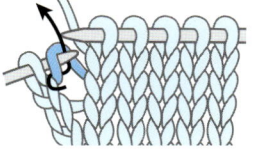
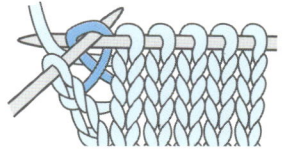
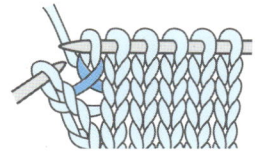

❺ 마지막 1코 직전까지 뜬 다음 코와 코 사이의 가로 방향 실 을 들어 올려요.

❻ 바늘에 걸어요.

❼ 들어 올린 코를 꼬아뜨기해요.

❽ 꼬아뜨기로 코를 늘린 모습이 에요.

−		Ω		−		−		~		−		Ω		−

꼬아뜨기로 코 늘리기(안뜨기)

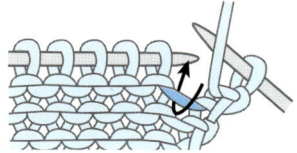
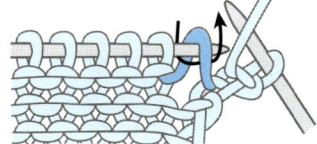
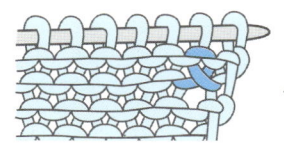
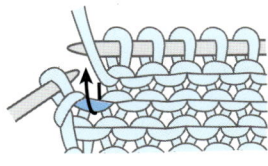

❶ 첫 코를 안뜨기한 후 코와 코 사이의 가로 방향 실을 들어 올려요.

❷ 바늘에 걸쳐 꼬아뜨기해요.

❸ 꼬아뜨기로 코를 늘린 모습이 에요.

❹ 마지막 1코 직전까지 안뜨기 한 후 코와 코 사이의 가로 방 향 실을 들어 올려요.

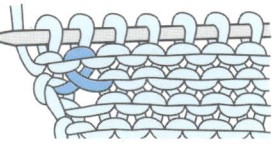

❺ 바늘에 걸쳐 꼬아뜨기해요.

❻ 꼬아뜨기로 코를 늘린 모습이 에요.

감아코로 늘리기(2코 이상 늘림)

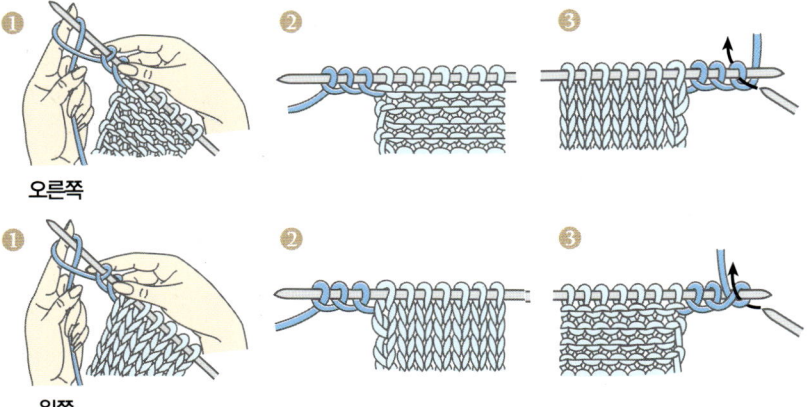

오른쪽

왼쪽

① 손가락을 이용해서 그림처럼 고리를 만들어요.

② 오른쪽 바늘을 화살표 방향대로 걸어 넣어요.

③ 코 늘리기가 완성된 모양이에요.

별도 사슬코를 이용해서 코 늘리기

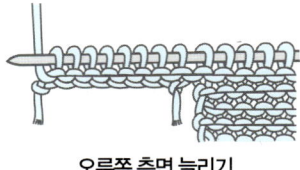

오른쪽 측면 늘리기

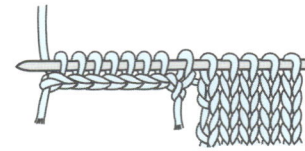

왼쪽 측면 늘리기

코바늘을 이용해 별도의 실로 늘릴 콧수만큼 사슬뜨기를 해요. 사슬뜨기한 뒷산, 콧등에서 순서대로 코를 주워요.

---

b 코 줄이기

I	⋏	I	I		I	I	⋋	I

오른 코 · 왼 코 줄이기(겉뜨기)

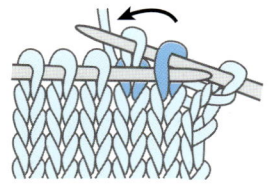   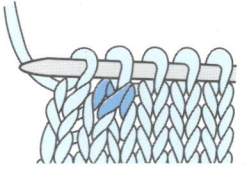

① 첫 코를 겉뜨기하고 두 번째 코를 뜨지 않고 옮긴 다음, 세 번째 코를 떠서 두 번째 코를 뒤집어씌워요.

② 오른 코 모아뜨기를 한 모습이에요.

③ 계속 겉뜨기로 뜨다가 끝의 3코가 남았을 때 2코를 동시에 왼 코 모아뜨기하고 나머지 1코를 겉뜨기해요.

④ 왼 코 모아뜨기 한 모습이에요.

—	⋌	—	—		—	—	⋋	—

오른 코 · 왼 코 줄이기(안뜨기)

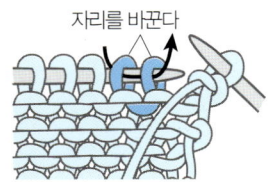 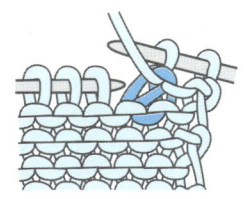 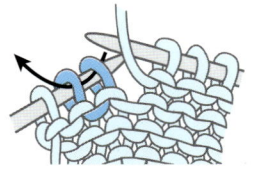 

자리를 바꾼다

① 첫 코를 안뜨기하고 두 번째와 세 번째 안뜨기 코를 자리를 바꿔 동시에 안뜨기해요.

② 코를 줄인 모습이에요.

③ 끝의 3코가 남았을 때 2코를 동시에 안뜨기하고 마지막 남은 1코를 안뜨기해요.

④ 코를 줄인 모습이에요.

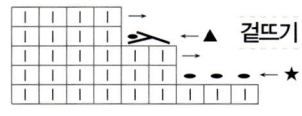

겉뜨기

① 겉뜨기 2코를 떠요.

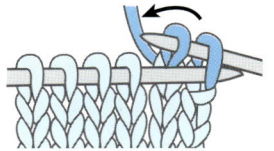

② 첫 번째 코 밑에 바늘을 넣어 뒤집어씌워요.

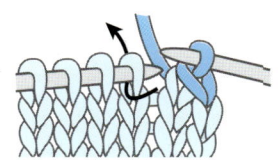

③ 세 번째 코를 겉뜨기해요.

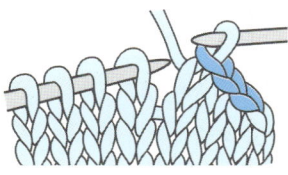

④ 3코를 코막음한 모습이에요(★).

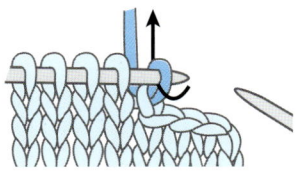

⑤ 첫 코를 뜨지 않고 그냥 옮겨요.

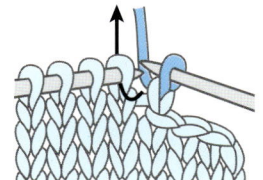

⑥ 두 번째 코를 겉뜨기해요.

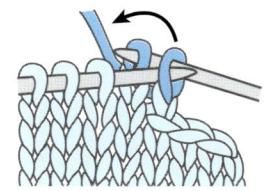

⑦ 첫 번째 코를 뒤집어씌워요.

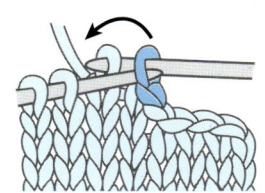

⑧ 같은 방법으로 그 다음 코를 겉뜨기하고 덮어씌워요.

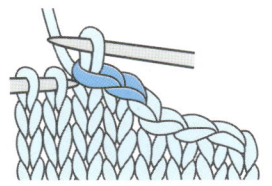

⑨ 2코를 코막음한 모습이에요(▲).

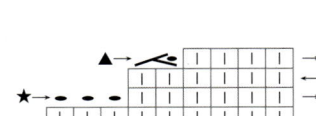

안뜨기

① 안뜨기 2코를 떠요.

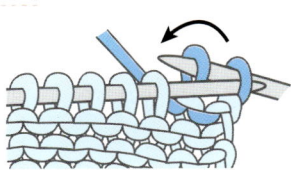

② 첫 번째 코를 뒤집어씌워요.

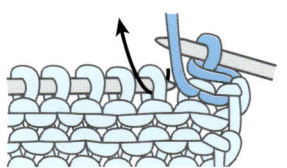

③ 그 다음 코를 안뜨기해요.

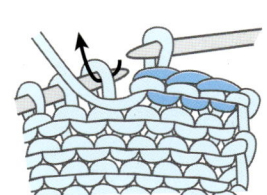

④ 3코를 코막음한 모습이에요(★).

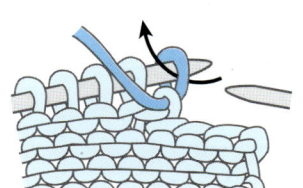

⑤ 첫 코를 뜨지 않고 그냥 옮겨요.

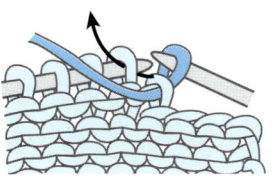

⑥ 그 다음 코를 안뜨기해요.

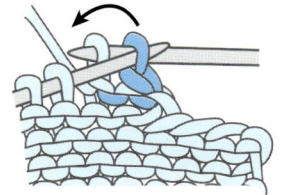

⑦ 덮어 씌워요.

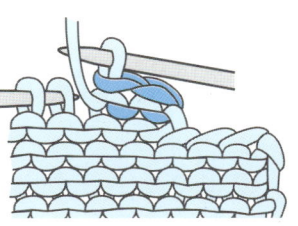

⑧ 2코를 코막음한 모습이에요(▲).

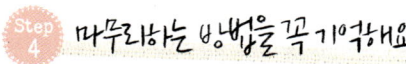

ⓐ 대바늘 덮어씌우기로 마무리하기

겉뜨기 코막음

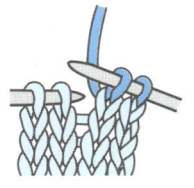 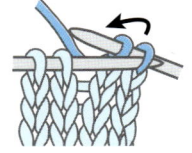 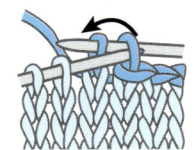 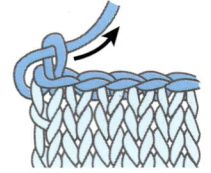

❶ 첫 번째 코와 두 번째 코를 겉 뜨기해요.

❷ 오른쪽 코를 왼쪽 코에 덮어씌 워요.

❸ 그 다음 코를 겉뜨기 1코로 뜬 후 덮어씌우기를 반복해 마지 막 코까지 덮어씌워요.

❹ 실을 마지막 코 안으로 빼내요.

안뜨기 코막음

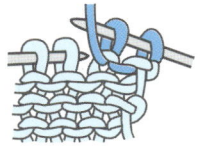 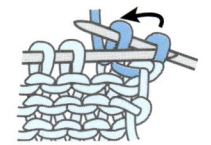  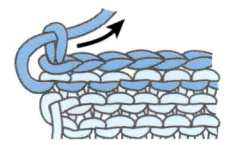

❶ 첫 번째 코와 두 번째 코를 안 뜨기로 떠요.

❷ 오른쪽 코를 왼쪽 코에 덮어씌 워요.

❸ 그 다음 코를 안뜨기 1코로 뜬 후 덮어씌우기를 반복해 마지 막 코까지 덮어씌워요.

❹ 실을 마지막 코 안으로 빼내요.

ⓑ 자주 사용하는 뜨기 기호

메리야스잇기 1

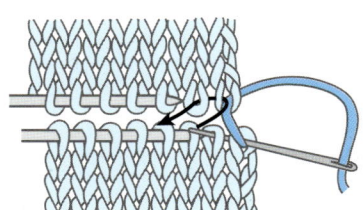

실이 달려 있는 첫 코를 안뜨기하듯이 빼 와요. 반대쪽 첫 코를 뒤에서 앞으로 바늘을 빼온 다 음 앞쪽의 1, 2번 코를 연결해요.

메리야스잇기 2

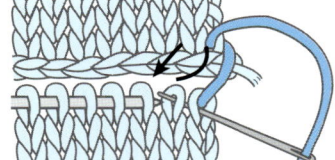

실이 달려 있는 쪽의 첫 코 뒤에서 안뜨기하듯 빼 오고 위쪽의 반 코를 걸어와요.

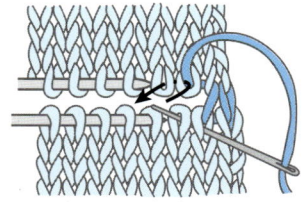 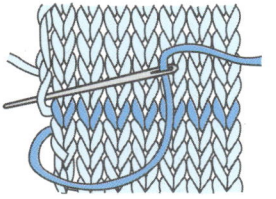

❶ 반대쪽 위쪽 2코를 연결하 고 앞쪽 2코를 그림처럼 연 결해요.

❷ ❶과 ❷의 과정을 반복하여 연결하고 위쪽 마지막 반 코 에 바늘을 넣어요.

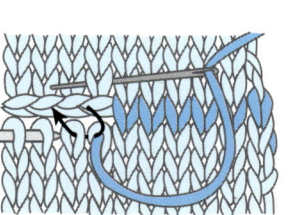 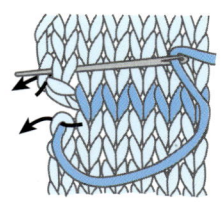

❶ 앞쪽의 2코를 화살표 방향 대로 연결해요.

❷ 앞쪽의 마지막 반 코에 바늘 을 넣고 위쪽의 반코에도 바 늘을 넣어 마무리해요.

메리야스뜨기 꿰매기

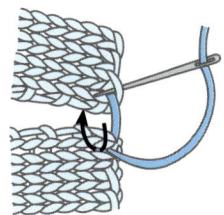 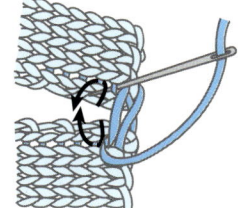 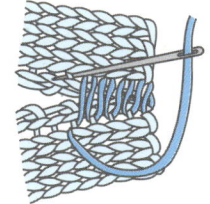

❶ 실이 달려있지 않은 쪽의 끝
쪽을 걸어와요.

❷ 시접코 1코 안쪽의 가로줄을
단마다 연결해요.

❸ 실을 적당히 잡아당겨요.

안메리야스뜨기 꿰매기

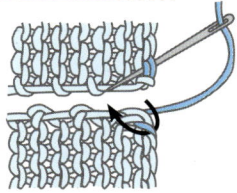 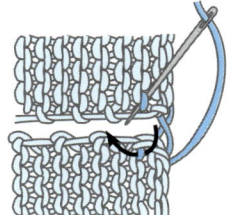 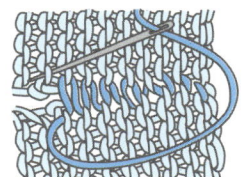

❶ 안쪽이 보이도록 놓은 후 윗판
의 1코 안쪽 맨 끝 코를 아래
판의 첫 코 아래 볼록한 실과
연결해요.

❷ 윗판과 아래 판의 첫째 코와
둘째 코 사이의 아래로 볼록한
실을 함께 걸어요.

❸ 위, 아래로 번갈아 1코씩 걸면
서 이음실이 보이지 않을 정도
로 잡아당겨요.

가터뜨기 꿰매기

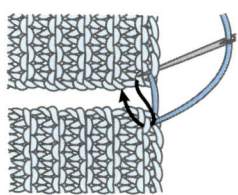 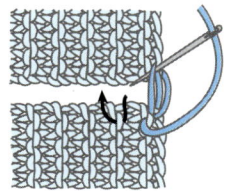 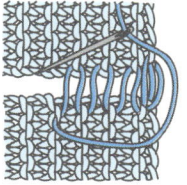

❶ 양쪽 판을 겉면이 보이도록 나
란히 놓아요. 첫째 코 안쪽의
실을 걸어서 잡아당겨요.

❷ 한쪽은 아래로 볼록한 실을,
반대편은 위로 볼록한 실을 걸
어서 잡아당겨요

❸ ❷를 계속 반복하면서 이어 나
가요.

 코 만드는 방법을 익혀요!

a 기본코 만들기

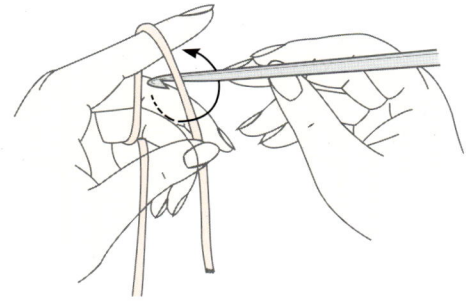
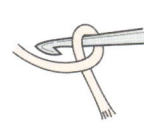
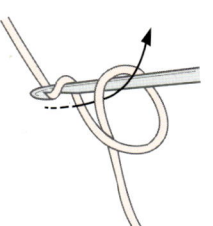
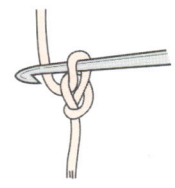

❶ 바늘을 실의 뒤쪽에서 화살표 방향으로 한 바퀴 돌려요.

❷ 실이 꼬인 모습이에요.

❸ 바늘에 실을 걸어 화살표 방향처럼 고리 안으로 빼내요.

❹ 첫 코가 만들어진 모습으로, 이 코는 뜨기 시작하는 코이므로 기초코의 수에는 포함되지 않아요.

b 사슬뜨기 기본코 만들기

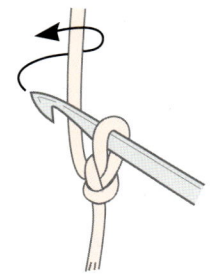
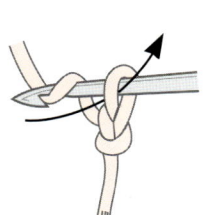
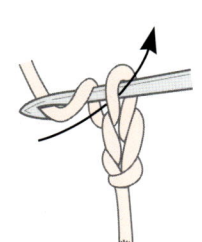
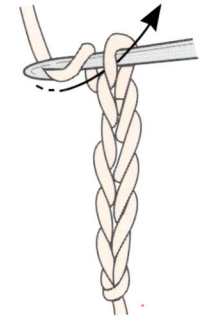

❶ 바늘에 기초코를 만들어요.

❷ 바늘에 실을 걸어요.

❸ 화살표 방향대로 빼 와요.

❹ 같은 방향으로 필요한 콧수대로 사슬뜨기를 해요.

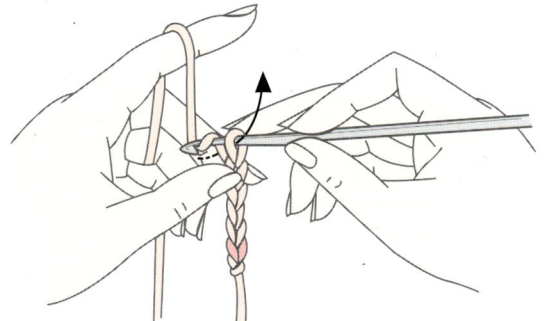

바늘과 실을 잡는 방법

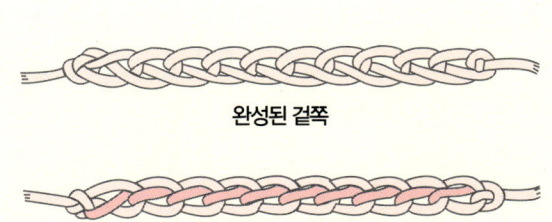

완성된 겉쪽

완성된 안쪽

가운데 중심에서 바깥쪽으로 둥글게 떠가는 모티브 등에 사용하는 둥근 기초코예요.

방법 A

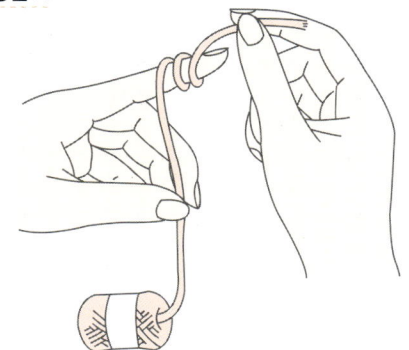 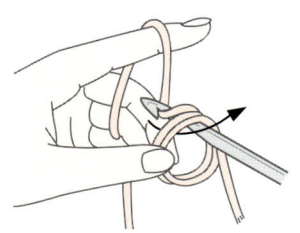 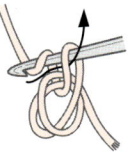 

❶ 실을 손가락에 2회 감아요.

❷ 손가락에 감은 것을 그대로 빼내 그 고리 안에 코바늘을 넣고 실을 감아 고리 안으로 빼내요.

❸ 다시 바늘에 실을 감아 화살표 방향으로 빼내요.

❹ 완성된 모습이에요.

방법 B

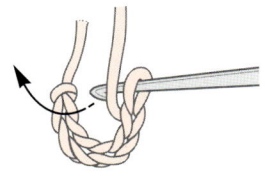 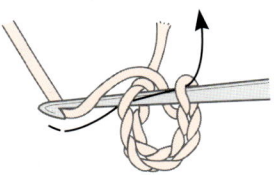 

❶ 먼저 기초코를 잡은 다음 원하는 크기만큼 사슬코로 코를 잡아요.

❷ 사슬코의 첫 번째 코에 바늘을 집어넣어요.

❸ 바늘에 실을 걸어 그 사이로 빼내요.

○ 사슬뜨기

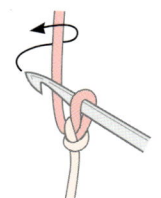
❶ 바늘에 기초코를 만들어요.

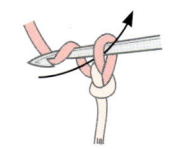
❷ 바늘에 실을 감아요.

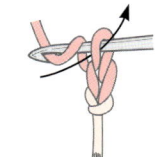
❸ 화살표 방향으로 빼 와요.

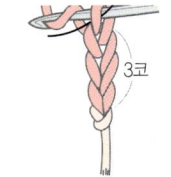
❹ 사슬코 3코를 만든 모습이에요.

 짧은뜨기

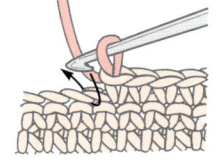
❶ 밑단 코머리에 바늘을 넣어요.

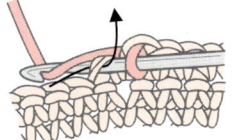
❷ 바늘에 실을 감아 빼 와요.

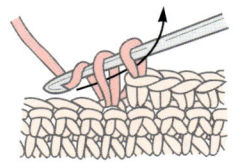
❸ 다시 실을 걸어 화살표 방향대로 바늘에 걸려 있는 2코 사이로 빼 와요.

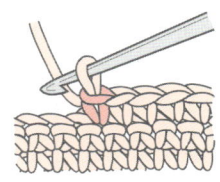
❹ 짧은뜨기가 완성된 모습이에요.

 긴뜨기

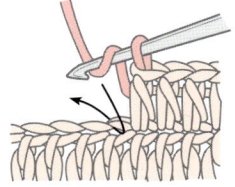
❶ 바늘에 실을 1번 감아요.

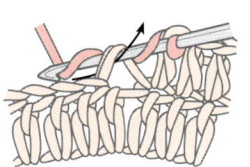
❷ 밑단 코에 바늘을 넣어 실을 감아 빼 와요.

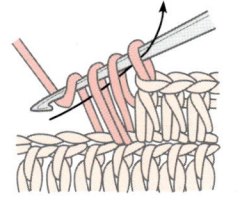
❸ 다시 실을 걸어 바늘에 걸려 있는 3코 사이로 모두 빼 와요.

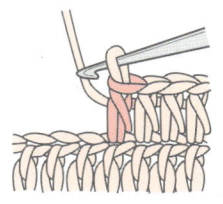
❹ 긴뜨기를 완성한 모습이에요.

 1길 긴뜨기

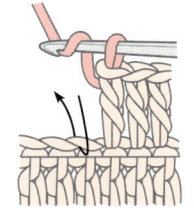
❶ 바늘에 실을 1번 감아요.

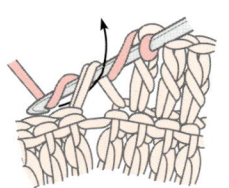
❷ 밑단 코에 바늘을 넣어 실을 감아 빼 와요.

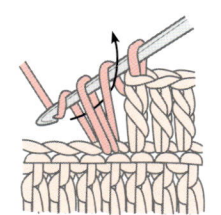
❸ 실을 감아 바늘에 걸려 있는 2코 사이로 빼 와요.

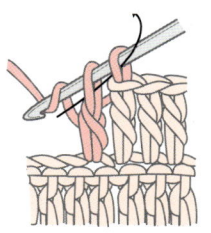
❹ 다시 실을 감아 바늘에 남아 있는 2코 사이로 빼 와요.

2길 긴뜨기

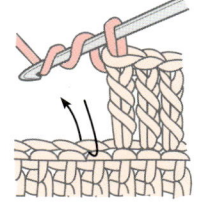

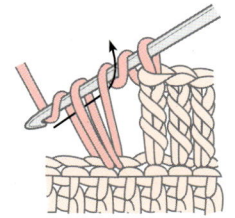

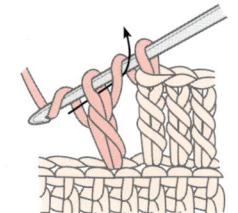

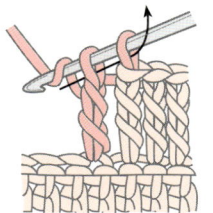

❶ 바늘에 실을 2번 감고 밑단 코에 바늘을 넣어 실을 감아 빼 와요.

❷ 실을 감아 바늘의 2코만 빼 와요.

❸ 다시 실을 감아 2코만 빼 와요.

❹ 다시 실을 감아 나머지 2코를 빼 와요.

 **되돌아 짧은뜨기**

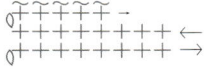

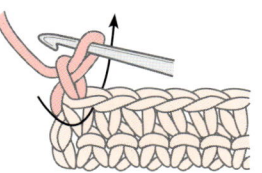

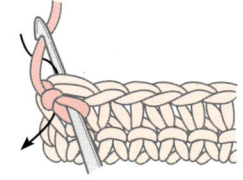

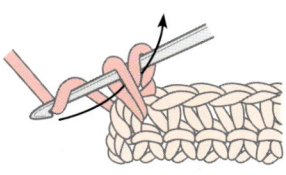

❶ 짧은뜨기와 반대로 왼쪽에서 오른쪽으로 떠가요.

❷ 바늘 끝을 돌려 뒤의 밑단 코에 넣고 실을 빼 와요.

❸ 실을 감아 코 사이로 한꺼번에 빼 와요.

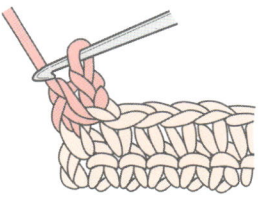

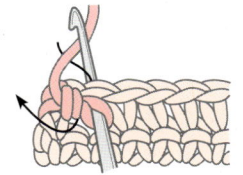

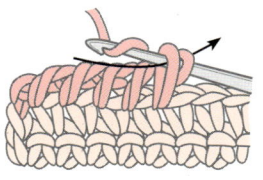

❹ 1코를 완성한 모습이에요.

❺ 다시 다음 코에 바늘을 넣어 실을 끌어와요.

❻ 같은 방법으로 떠가요.

 이랑 짧은뜨기

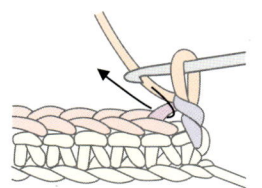

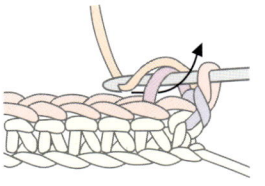

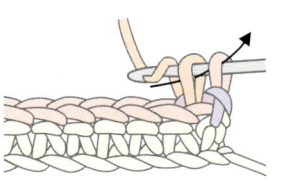

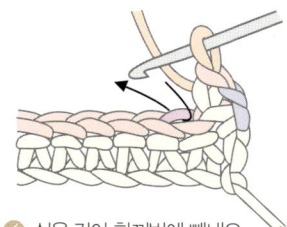

❶ 바늘에 실을 감아요.

❷ 떠야 할 위치에 바늘을 넣고 실을 끌어와요.

❸ 앞의 과정을 3번 반복해요.

❹ 실을 감아 한꺼번에 빼내요.

29

짧은뜨기 앞걸어뜨기

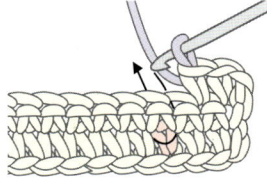

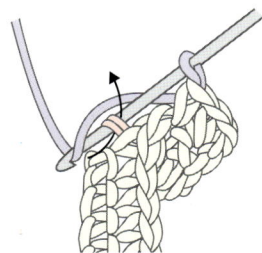

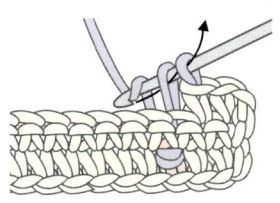

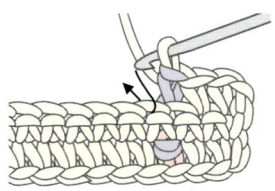

❶ 떠야 할 부분의 밑단 코에 바늘을 뒤에서 앞 방향으로 넣고 다시 뒤로 나오도록 빼내요.

❷ 코바늘에 실을 걸어 끌어와요.

❸ 바늘에 실을 감아 한꺼번에 빼내요.

❹ 완성 모습이에요.

 짧은뜨기 뒤걸어뜨기

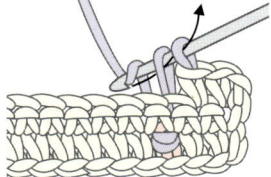

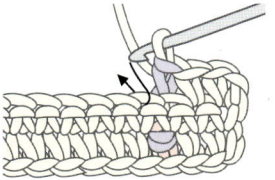

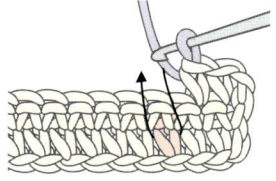

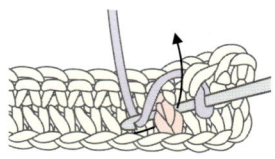

❶ 떠야 할 부분의 밑단 코에 바늘을 앞에서 뒤 방향으로 넣고 다시 앞으로 나오도록 빼내요.

❷ 코바늘에 실을 걸어 끌어와요.

❸ 바늘에 실을 감아 한꺼번에 빼내요.

❹ 완성 모습이에요.

 긴뜨기 3코 구슬뜨기

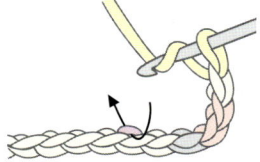

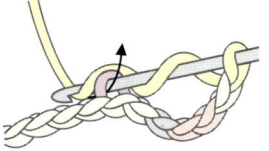

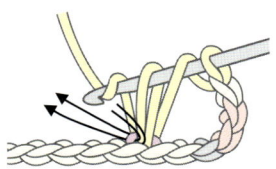

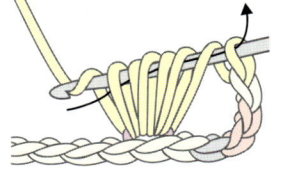

❶ 바늘에 실을 감아요.

❷ 떠야 할 위치에 바늘을 넣고 실을 끌어와요.

❸ 앞의 과정을 3번 반복해요.

❹ 실을 걸어 한꺼번에 빼내요.

 1길 긴뜨기 3코 구슬뜨기

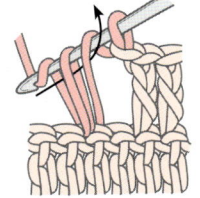

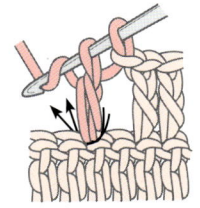

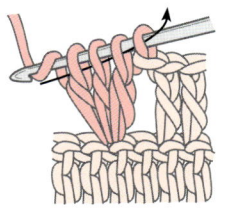

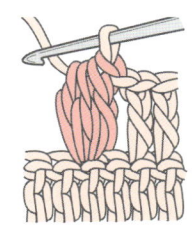

❶ 바늘에 실을 감고 밑단 코에 바늘을 넣어 실을 빼온 뒤 바늘의 2코 사이로 빼와요.

❷ 다시 바늘에 실을 걸어 밑단의 같은 위치에 찔러 넣고 2코만 빼 와요.

❸ 같은 방법으로 3번 반복해요 (미완성의 1길 긴뜨기를 3번 해요).

❹ 실을 감아 한꺼번에 빼내요.

팝콘뜨기

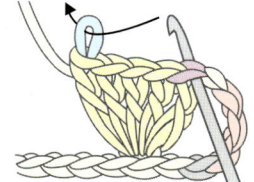

① 1길 긴뜨기를 5번 반복해요.

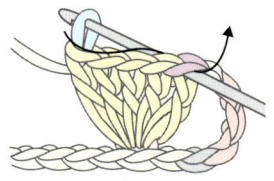

② 코바늘을 빼고 1길 긴뜨기했던 첫 번째 코에 바늘을 집어 넣어요.

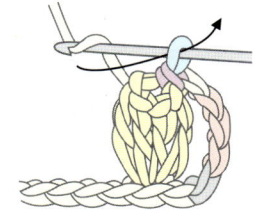

③ 마지막 코에 바늘을 넣고 실을 빼내요.

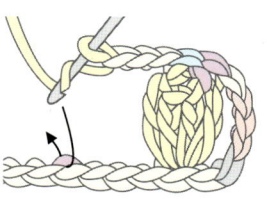

④ 완성 모습이에요.

짧은뜨기 2코 모아뜨기

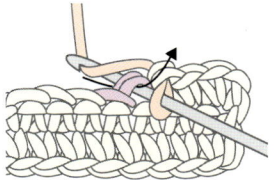

① 떠야 할 부분의 코에 바늘을 넣어요

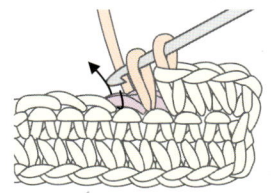

② 실을 바늘에 감아 끌어와요.

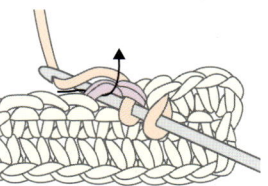

③ 다음 코에 바늘을 넣어요.

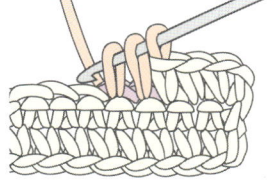

④ 실을 바늘에 감아 다시 끌어와요.

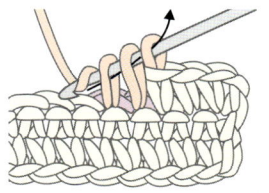

⑤ 실을 바늘에 감아 한꺼번에 빼와요.

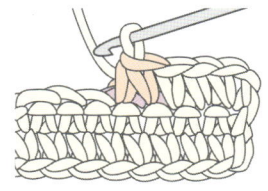

⑥ 완성 모습이에요.

 짧은뜨기 3코 모아뜨기

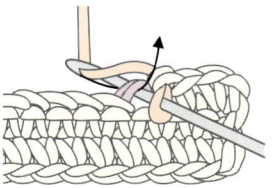

① 떠야 할 부분의 코에 바늘을 넣어요.

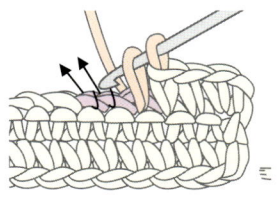

② 실을 바늘에 감아 끌어와요.

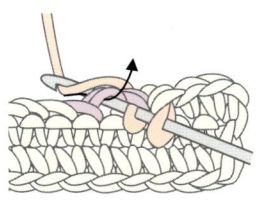

③ 다음 코에 바늘을 넣어 실을 끌고 와요.

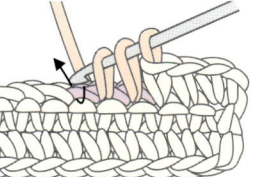

④ 그 다음 코에 바늘을 넣어 실을 끌어와요.

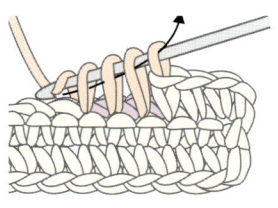

⑤ 다시 코에 실을 감아 한꺼번에 빼내요.

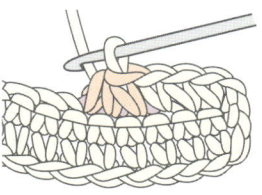

⑥ 완성 모습이에요.

짧은뜨기 2코 늘리기

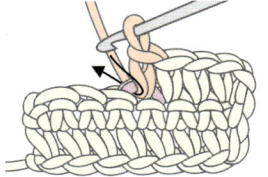
❶ 코바늘을 이용해 짧은뜨기를 떠요.

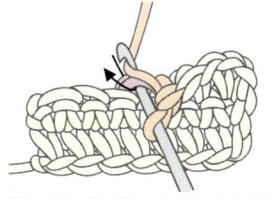
❷ 같은 자리의 코에 바늘을 넣어요.

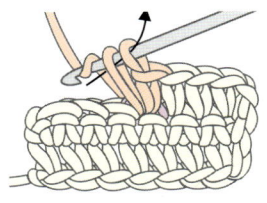
❸ 짧은뜨기로 다시 한 번 떠요.

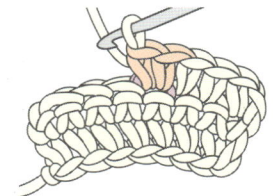
❹ 완성 모습이에요.

 짧은뜨기 3코 늘리기

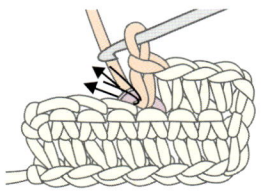
❶ 코바늘을 이용해 짧은뜨기를 해요.

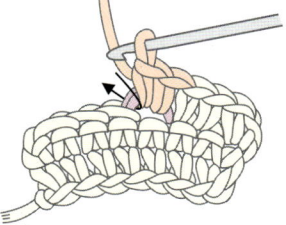
❷ 같은 자리의 코에 2번 더 짧은 뜨기해요.

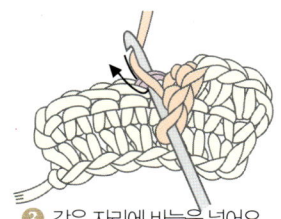
❸ 같은 자리에 바늘을 넣어요.

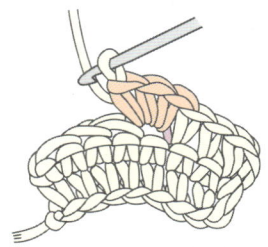
❹ 같은 자리에 3번 더 짧은뜨기 해요.

 1길 긴뜨기 2코 모아뜨기

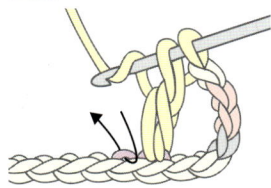
❶ 1길 긴뜨기로 뜨다가 마지막 실을 바늘에 감아 빼내기 직전에 다시 감아요.

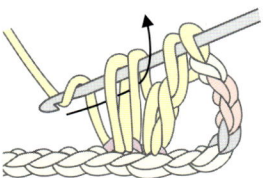
❷ 바늘에 감긴 2줄의 실만 빼내요.

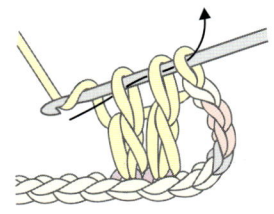
❸ 바늘에 실을 감아 한꺼번에 빼내요.

❹ 완성 모습이에요.

 1길 긴뜨기 2코 늘리기

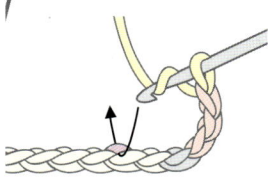
❶ 바늘에 실을 감아요.

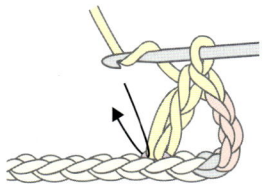
❷ 1길 긴뜨기로 1코를 떠요.

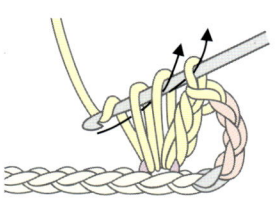
❸ 같은 자리 코에 1길 긴뜨기를 다시 떠요.

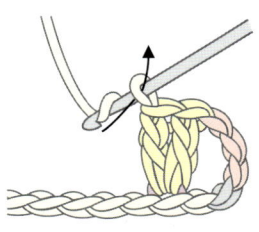
❹ 완성 모습이에요.

배색할 때 실 바꾸는 방법을 기억해요!

[예시 도안을 보고 따라하기]

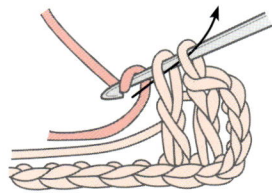

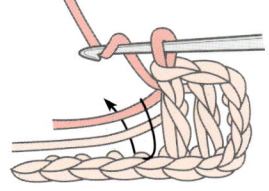

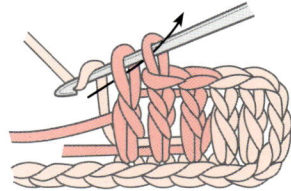

① 두 번째 1길 긴뜨기(즉 배색이 들어가기 직전의 코)의 마지막 2코를 빼내기 전에 실 색상을 바꿔요.

② 미완성 1길 긴뜨기에서 배색실을 빼 오고 기존의 실과 배색실을 함께 사이에 두고 1길 긴뜨기 3코를 떠요.

③ 마찬가지로 실 색상을 바꾸기 직전의 미완성 1길 긴뜨기에서 실 색상을 바꿔 바늘에 감아요.

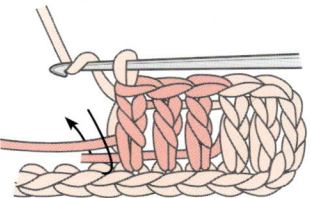

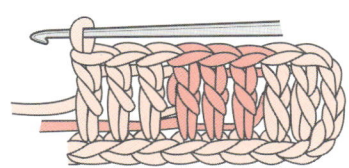

④ 바꾼 실을 빼 와요.

⑤ 배색을 완성한 모습이에요.

모티브 연결하는 법을 배워요!

a 빼뜨기로 연결하기]

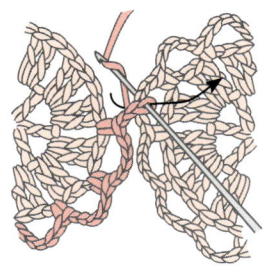

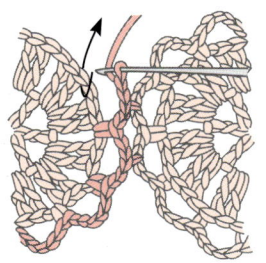

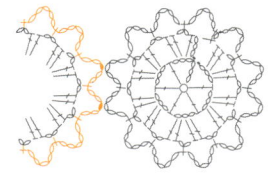

① 모티브 1장을 떠 놓고 두 번째 모티브의 마지막 단을 뜰 때 연결하기 직전의 사슬뜨기 2코까지 떠 놓아요. 첫 번째 떠 놓았던 모티브의 연결된 곳 밑에 바늘을 넣어 실을 감아 빼 걸어오고 다음을 계속 떠가요.

② 같은 방법으로 모티브를 연결하면서 떠요.

b 감침질로 연결하기]

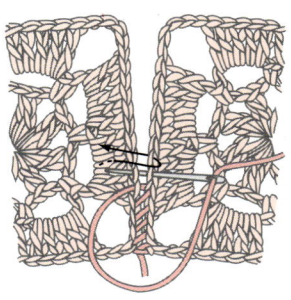

사각 모티브를 다 떠 놓은 후 돗바늘에 실을 끼워 연결할 면 끼리의 사슬코를 반 코씩만 걸어 감침질해요.

Kitchen

Interior

Part 1

주방&인테리어 소품

파스텔 도일리

Pastel Doilies

네이비, 보라, 핑크, 살구….
각기 다른 톡톡 튀는 색과 모양의 도일리는 손님이 왔을 때
찻잔 밑에 깔아도 예쁘고 쿠키가 담긴 접시 아래 둬도 아기자기해요.
선반 장식용으로 올려두기만 해도 사랑스럽답니다.

how to make ›› p.88

꽃자수 에이프런

Pattern Apron

시원한 소재의 마사로 만든 에이프런은
수수한 디자인이 오히려 더 돋보여요.
몸에 착 감기는 착용감과 부드러운 촉감 덕에
요리하는 시간이 즐거워지죠.
핑크빛 은은한 꽃자수로 포인트를 주세요.

how to make ›› p.89

예쁜 주방 장갑과
세트로 만들어요!

빈티지한 느낌이
멋스러워요!

how to make ›› p.92

베이지 물병 파우치
Water Pouch

뜨거운 여름날, 더위를 식히기 위해 시원한 얼음물을 챙겨 외출할 때가 많죠?
코바늘로 촘촘하게 뜬 물병 파우치가 있으면 가지고 다니기가 훨씬 수월해요.
겨자색 끈, 나무단추 등을 활용해 빈티지한 느낌이 물씬 풍겨요.

레인보우 뜨개 화분

비비드 컬러의 실로 한 코, 한 코 뜬 꽃다발 화분은
침실의 협탁이나 서재의 책상 위에 두면 잘 어울려요.
꽃 모양을 다양하게 내는 게 생각보다 어렵지 않아 초보자도 따라 만들 수 있어요.

how to make ›› p.94

how to make ›› p.98

북유럽풍 주방장갑

North European Glove

에메랄드 초록빛, 강렬한 장미꽃 모티브의 주방장갑은
보기만 해도 발랄함이 묻어나요.
주방에 걸어두면 금방이라도 스칸디나비아에 온 느낌이 들어요.
한쌍으로 만들어 뜨거운 냄비 손잡이를 잡을 때 활용하세요.

퀼팅솜과 천을 덧대면
오븐장갑으로 변신!!

로맨틱 핑크 러그

꽃 모양의 넓은 핑크빛 러그는 어느 재질의 바닥과도 색이 잘 어울려요.
북유럽풍의 우드 바닥재와도, 모던한 화이트 디자인과도 잘 어우러져
포근한 분위기를 연출해요. 집안 분위기를 바꿔보고 싶을 때 도전하세요.

how to make ›› p.100

러그 하나로
방안 분위기가
확 달라져요!

피오니 쿠션 커버

Peony Cushion Cover

성글게 뜬 화이트 쿠션 커버의 포인트는 꽃무늬예요.
활짝 핀 작약 모양과 닮아 '피오니'라 이름 붙였어요.
파스텔 톤의 쿠션을 감싸두면 심플하고 깔끔한 내추럴 인테리어 완성!

how to make >> p.101

컬러풀 반짇고리

Colorful Sewing Box

손바느질, 자수, 뜨개질 등 만지작거리는 것을 좋아하는 사람들은
집에 자질구레한 소품이 가득해요.
컬러풀 반짇고리를 여러 개 만들어 안에 쏙 넣어두면
깔끔한 정리, 보관이 가능하답니다.

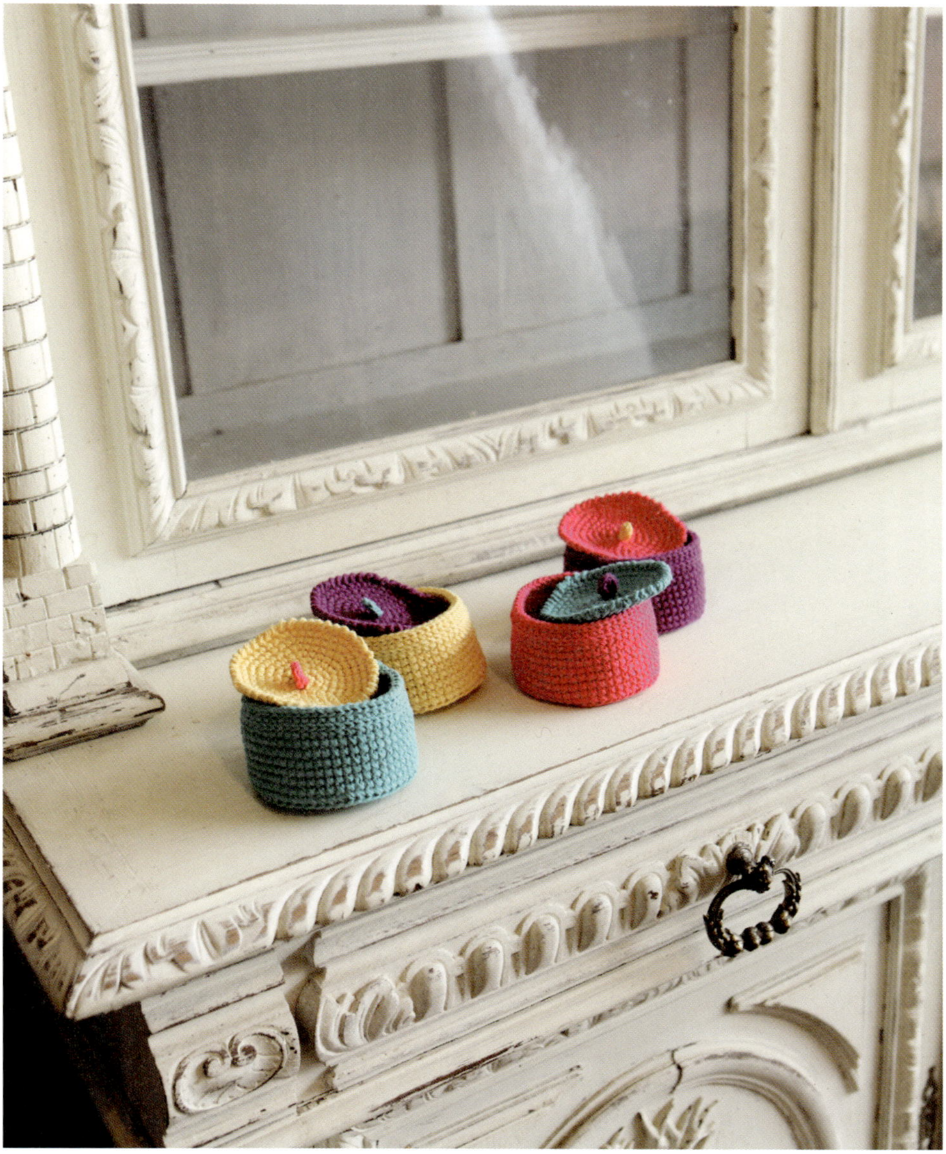

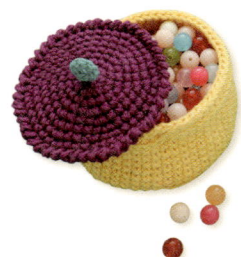

how to make ›› p.102

Fancy

Part 2

팬시&액세서리

Accessory

벚꽃 헤어핀
Cherry Blossom Hairpin

화창한 봄날 흘러내리는 긴 생머리에 살짝 꽂아두면
잘 어울릴 것 같은 핀이에요.
벚꽃 모양의 모티브를 색색으로 떠 핀대에 고정하기만 하면 완성이에요.
모티브를 좀더 크게 만들어 헤어밴드로 만들어도 좋아요.

how to make » p.104

롤리팝 방울끈

알록달록 무지개 빛깔은
커다란 롤리팝 사탕을 연상케 해요.
귀여운 숙녀의 머리를 양 갈래로 묶거나
땋아 내릴 때 딱 알맞은 액세서리랍니다.
통통 튀는 색감 때문에 아이들이 더 좋아해요.

how to make ›› p.105

아이가 소풍가는 날
예쁘게 묶어주세요!

how to make ›› p.106

러블리 꽃방울

Lovely Flower Hairband

시원한 여름용 튜닉과 잘 어울리는 사랑스러운 방울이에요.
근교로 가족 나들이를 나설 때 아이 머리카락을 하나로
귀엽게 묶어 땀이 보송보송 잘 마르게 해주세요.

작은별 브로치
Small Star Brooch

캐주얼, 빈티지 스타일의 재킷이나
진, 구제가방에 잘 어울리는
패션 액세서리. 의상 콘셉트와
잘 어울리는 색으로 골라 달기만 하면
어딜 가나 주목받을 거예요.
어른, 아이 모두 사용할 수 있는
아이템이랍니다.

how to make ›› p.107

마카롱 키홀더

Macaroon Key Ring

둥글납작한 마카롱 모양의 키홀더는 여러 모로 유용한 액세서리예요.
집 열쇠나 자동차 키를 달아둘 수도 있고 지퍼를 열면 작은 손거울이 되기도 해요.
주머니에서 돌아다니는 동전을 넣어둘 수도 있답니다.

how to make ›› p.108

캐릭터 브로치
Character Brooch

무지 스타일의 천 가방과 어울릴 만한 브로치예요.
코바늘이 아닌 대바늘로 뜬 동물 캐릭터는
좀더 포근하고 따뜻한 느낌이 든답니다.
등교하는 꼬마 아이 책가방에 달아줘도 좋아요.

how to make ›› p.110

하트&로즈 목걸이

Heart&Rose Necklace

화이트 톤으로 한껏 멋을 부린 아이는
컬러풀한 목걸이로 포인트를 주세요.
무지개 빛깔의 구슬과 직접 뜬 하트 또는
장미꽃 펜던트만 있으면 완성이에요.
펜던트 뜨는 게 익숙해지면 다양한
모양으로 응용하세요.

how to make ›› p.112

캐러멜&블랙 미니백

Caramel&Black Mini Bag

옷, 가방 등을 차려입고 나가기에는
어쩐지 부담스러운 가벼운 외출.
이럴 때는 지갑, 핸드폰, 열쇠, 간편한 메모지 정도만
들어가는 미니백이 유용해요.
계절과 상관없이 멜 수 있는 작은 사이즈의
보조가방을 만들어요.

how to make ›› p.114

열쇠고리와 플랫슈즈
장식을 떼어면 여자 아이용
액세서리로 변신해요!

how to make ›› p.116

버블버블 키홀더
Bubble-Bubble Key Ring

코바늘로 뜬 작은 색색의 볼을 엮어 키홀더를 만들어요.
반짝이는 펄사로 뜬 플랫슈즈 장식이 수수한 키홀더를 오히려 화려하게 꾸며줘요.
팔찌처럼 손목에 끼우고 다니면 잊어버릴 염려도 없어요.

포인트 미니 크로스백

Point Mini Cross Bag

요즘은 초등학생 아이들도 핸드폰을 가지고 다녀요.
뒤로 메는 가방에 넣으면 전화가 울려도 받지 못할 수 있으니 작은 크로스백을 준비해요.
여기에 핸드폰을 쏙 넣어 가방과 함께 챙겨주면 우리 아이 등교 준비 끝!

how to make ›› p.117

64

체리 펜슬 케이스

Cherry Pencil Case

펜슬 케이스 옆면의 화려한 모티브와
가운데에 달린 체리 장식이 눈에 확 들어와요.
한 번씩 울 전용 세제로 세탁하면 더 오래, 예쁘게 쓸 수 있답니다.
아이용으로 뜰 때는 실 색을 본인이 고르게 해주세요.

how to make ›› p.118

아이가 잠 못들어 뒤척일 때
테디를 옆에 두고 동화를 읽어줘요!

how to make ›› p.120

내 친구 테디

아이 방을 차지하는 커다란 곰인형, 테디.
다양한 꼬임 패턴과 모티브로 어우러진 인형은
오랫동안 소장하고 싶을 정도로 포근하고 사랑스러워요.

Bag

Part 3

가방&파우치

손뜨개 에코백

Hand Knit ECO Bag

둥글고 넉넉한 코바늘 에코백은 연결된 모티브와
언뜻 비치는 안감 천이 돋보여요.
오가닉 느낌이 들어 에코백이라 이름 붙였답니다.
마사를 이용해 떠 시원한 여름 가방으로 적당해요.

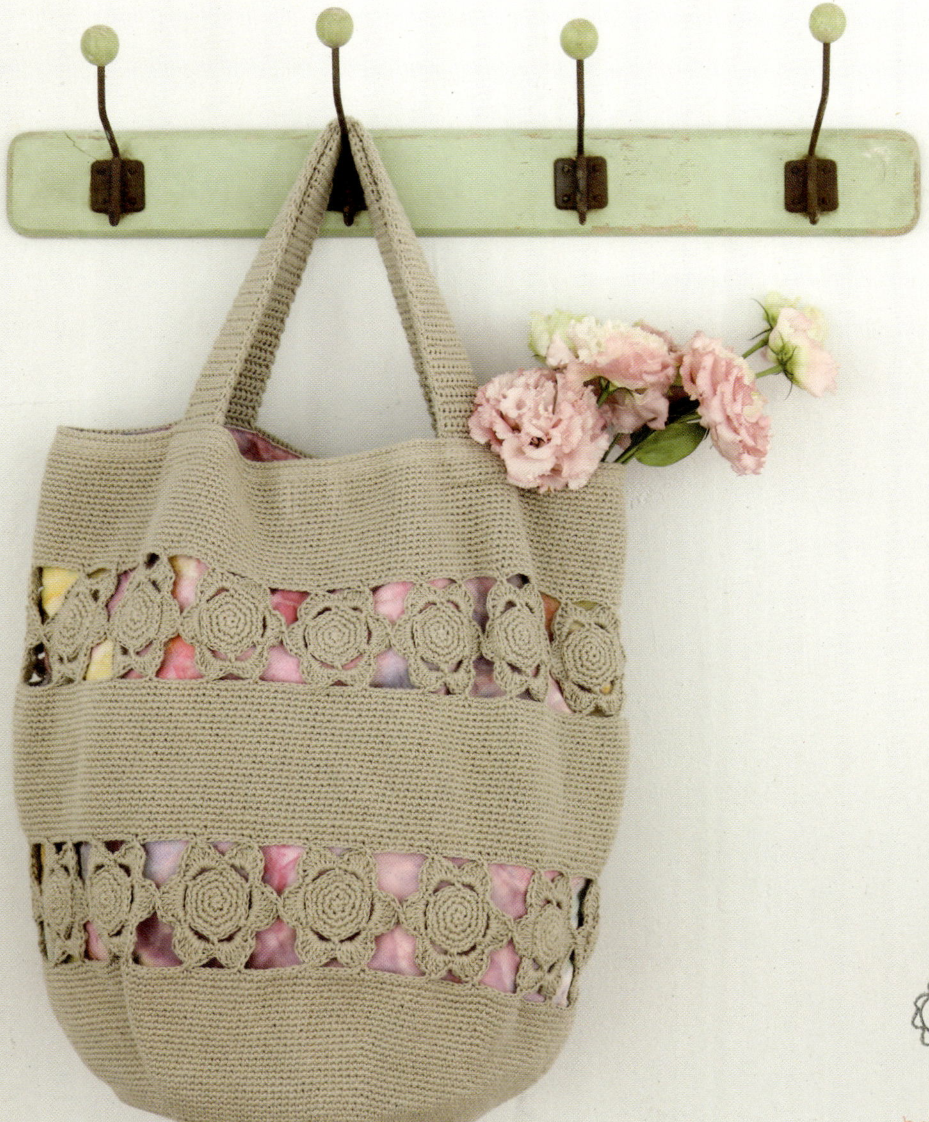

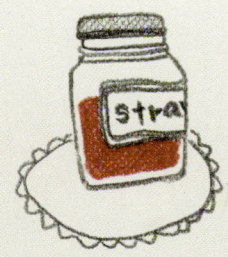

how to make » p.127

빈티지 빅백
Vintage Big Bag

체크, 꽈배기, 다이아몬드 등
다양한 무늬로 뜬 뜨개물을 하나로
엮어 만든 납작한 가방.
영화 〈노다메 칸타빌레〉에서 주인공이
들고 다니던 빅백과 비슷한 느낌이에요.
빈티지 브로치로 장식해 마무리해요.

how to make >> p.130

how to make ›› p.133

그린 쇼퍼백

Green Shopper Bag

스트리트 패션 소품과 견주어도
비주얼이 떨어지지 않는 쇼퍼백이에요.
마름모 모양으로 각을 잡고 가는 어깨 끈을 달면 정장, 캐주얼,
바캉스 룩 등 어디에 매치해도 스타일리시하답니다.

인디핑크 크로스백

햇볕을 받아 색이 적당히 바랜 듯한 느낌이 드는 빈티지 크로스백.
덧댄 가죽과 꽃무늬 모티브, 안감까지 완벽하게 조화를 이뤄
오래된 물건처럼 친숙해요.
빈티지나 아일랜드 스타일 의상과 잘 어울려요.

how to make ≫ p.155

내추럴 레이스백

Natural Lace Bag

수수한 흰색 실로 뜬 레이스 모티브 주머니에 린넨 천 가방을
집어넣어 하나로 연결했어요. 가방 입구에 달린 조임 끈을 당겨
예쁘게 리본 매듭지으면 훨씬 멋스러워요.
하늘하늘한 소재의 원피스나 점프슈트, 배기팬츠와 매치해보세요.

how to make >> p.137

귀엽고 사랑스러운
분위기를 연출할 때 활용해요!

how to make ›› p.139

스몰 플라워 크로스백

Small Flowers Cross Bag

짙은 갈색의 꽃 모티브가 도드라지는 귀여운 크로스백이에요.
꽈배기 무늬로 뜬 어깨 끈에서도 디테일이 드러나요.
색깔이나 패턴이 강한 의상보다 흰 셔츠, 청바지,
단색 원피스 같은 기본 아이템에 메면 훨씬 예쁘답니다.

how to make ›› p.141

잔꽃무늬 파우치
Flaral Pouch

시원한 느낌의 마사로 뜬 사계절용 파스텔 파우치는
화장품을 넣을 케이스로 적당해요.
앞판의 꽃 모티브와 레이스 끈이 클래식한 느낌과 우아함을 더해줘요.

로봇 아이패드 파우치

Robot iPad Pouch

가방에 넣기에는 비좁고, 따로 들고 다니자니 폼이 안 나는 태블릿 PC.
이제 예쁜 무늬와 캐릭터가 돋보이는 파우치를 활용해 담아요.
색감, 실 종류 등을 원하는 것으로 선택해 마음에 쏙 드는 파우치를 완성해요.

how to make » p.143

옐로우 비치 미니백&모자

Yellow Beach Bag&Hat

가족끼리 바닷가에 놀러갔을 때
꼬마 아가씨의 패션소품으로 챙겨주세요.
샛노란 레이욘사로 뜬 가방과 챙이 있는 귀여운 모자는
아이를 더 사랑스럽게 만들어주는 완소 아이템이에요.

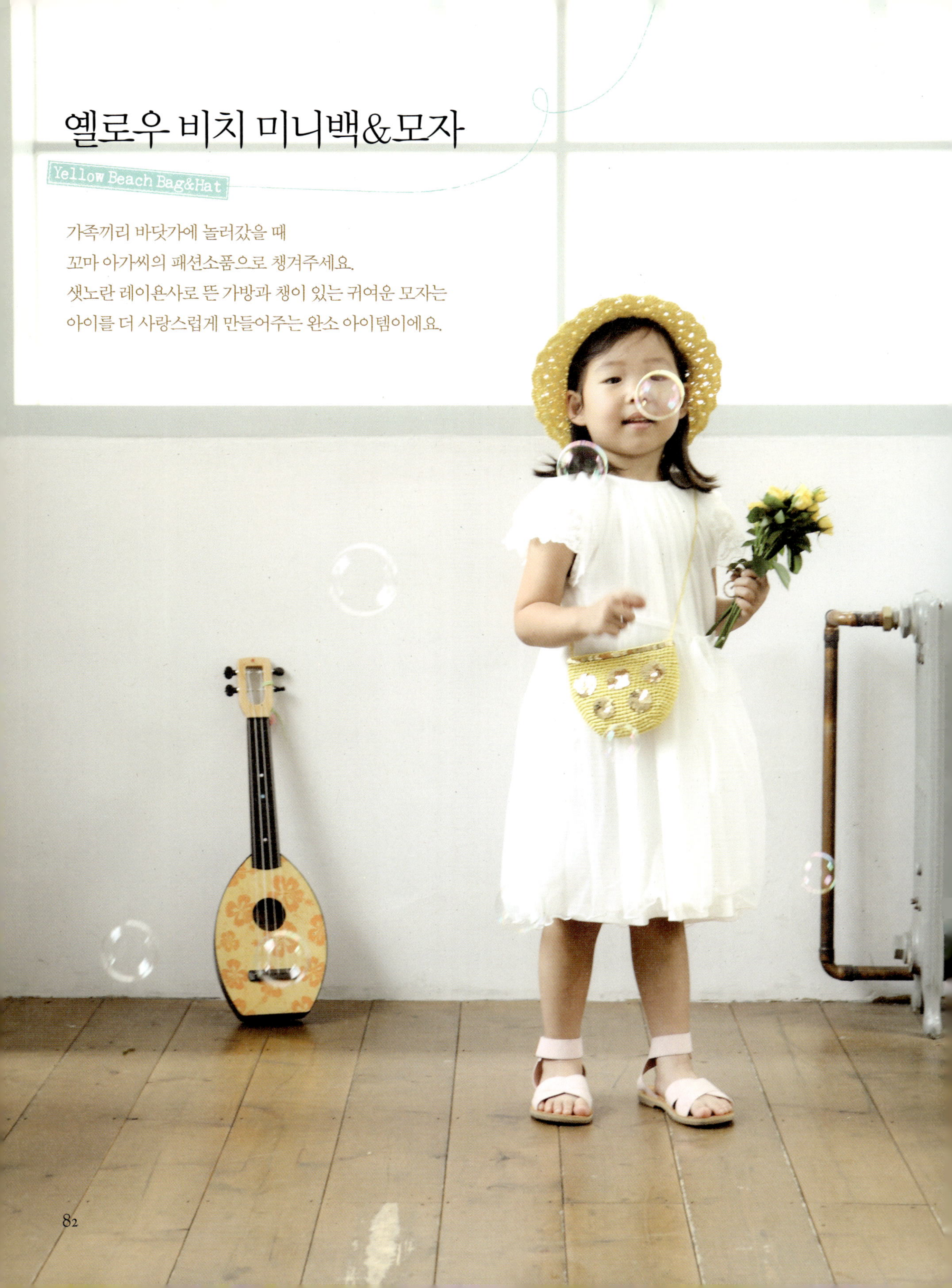

how to make ›› p.145

토끼 미니가방

Rabbit Mini Bag

겉뜨기와 안뜨기로 번갈아가며 뜬 미니가방은
아이 준비물을 넣어 들려주는 보조가방으로 안성맞춤이에요.
가운데 토끼 모티브 대신 아이가 좋아하는 동물 캐릭터로 떠줘도 좋아요.

스케치북, 색연필,
물감 모두 들어가요!

how to make ›› p.148

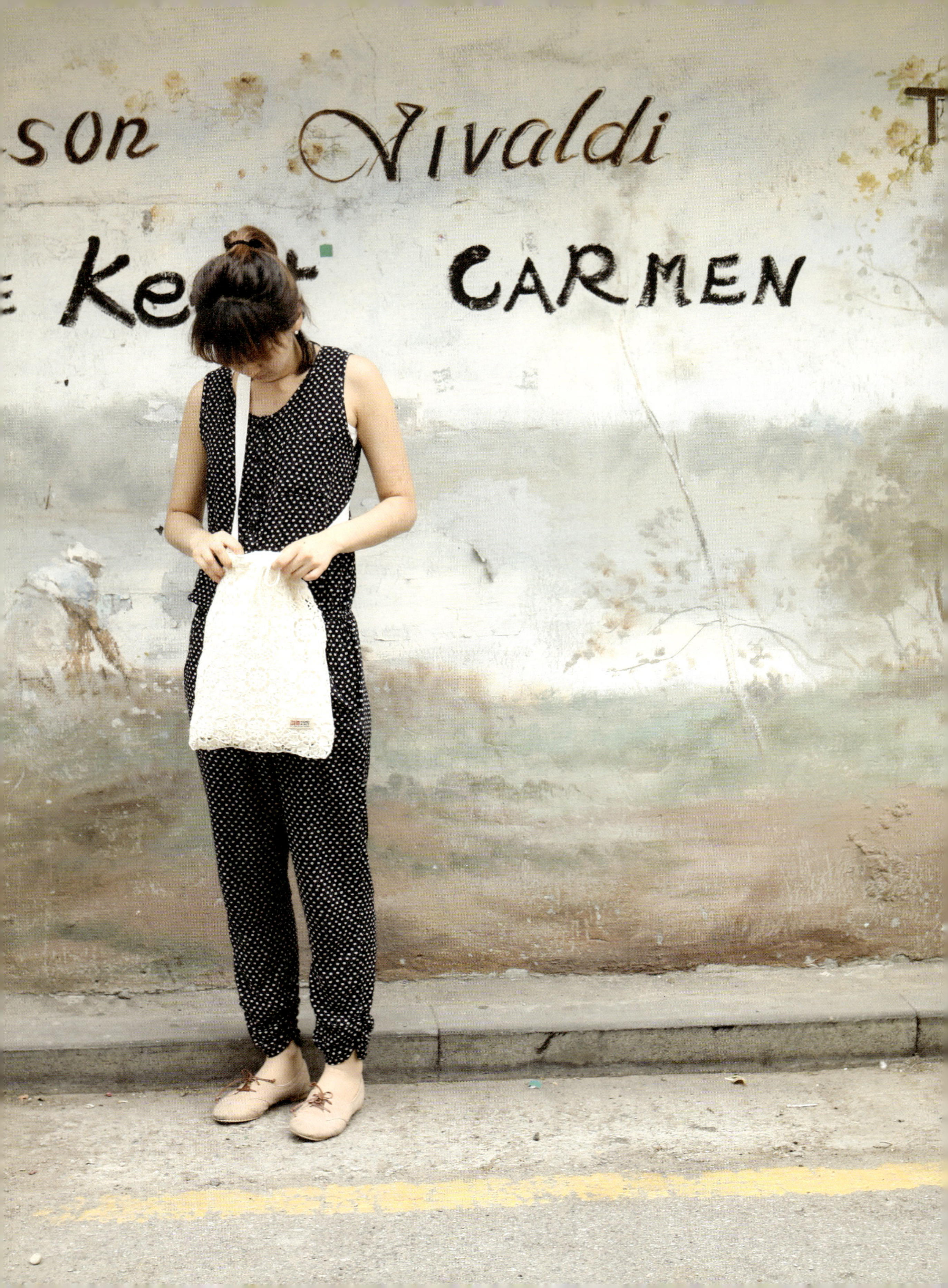
son Vivaldi
CARMEN

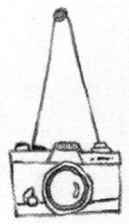

How to make

재료
색색의 면사 약간씩
바늘 코바늘 6/0호
사이즈 사방 11~11.5cm

만드는 법

색색의 면사를 어울리게 배치한 뒤 코바늘 6/0호를 이용해 원하는 모양의 모티브로 도일리를 뜬다.

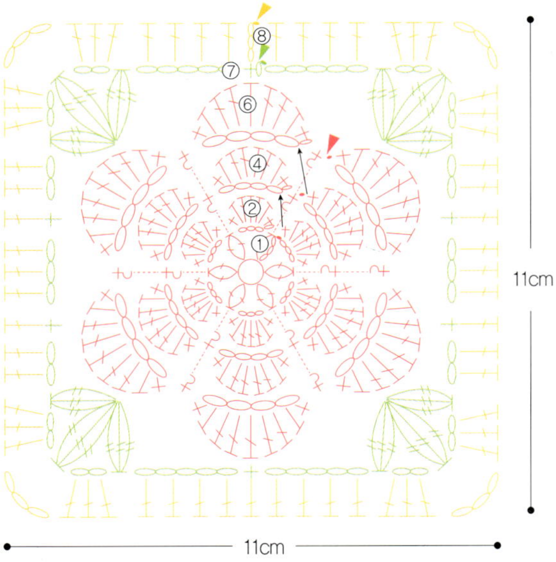

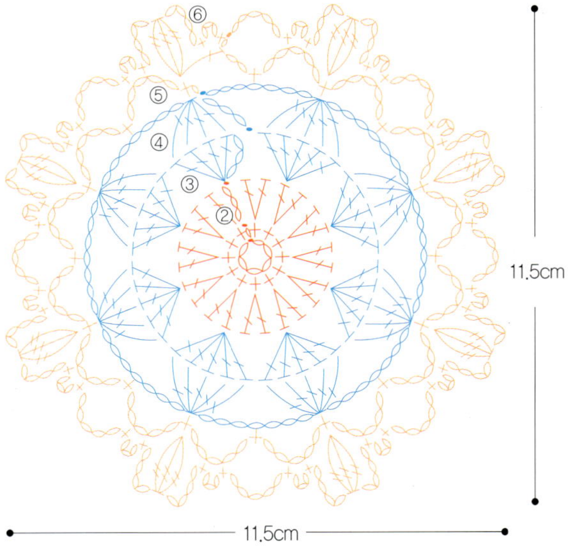

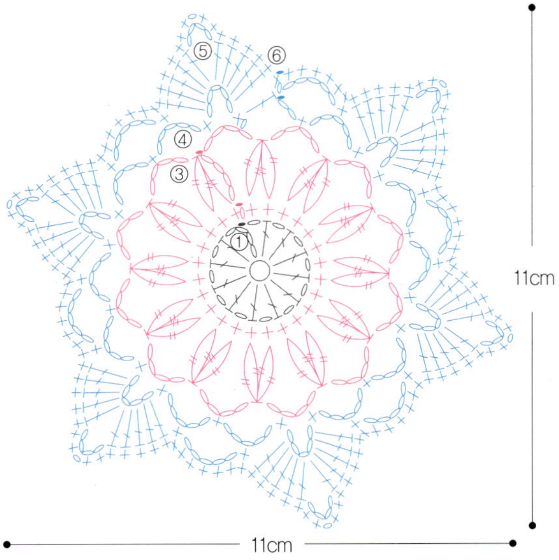

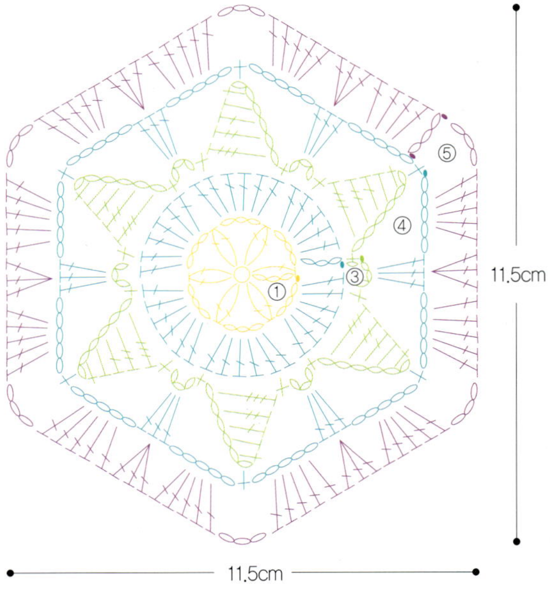

파스텔 도일리
Pastel Doilies

11cm

11cm

11.5cm

11.5cm

11cm

11cm

11.5cm

11.5cm

» p.38

꽃자수 에이프런
Pattern Apron

재료
아이보리색 마사 250g, 핑크색·연한 주황색 수실 약간씩
바늘 코바늘 2/0호
사이즈 가로 82cm×세로 68cm
게이지 10㎠ 무늬뜨기 45코×12.5단

만드는 법

1 코바늘 2/0호와 아이보리색 마사를 이용해 사슬코를 361코 잡아 무늬뜨기 59단을 뜬 뒤 코를 줄여 나머지 24단을 더 뜬다.

2 어깨와 허리 부분의 끈을 각각의 위치에서 10코씩 주워 1길 긴뜨기와 짧은뜨기로 78단씩 뜬다.

3 에이프런의 테두리는 가장자리 무늬뜨기로 1단을 떠 마무리한다.

4 주머니는 50코를 잡아 짧은뜨기로 뜬 뒤 가장자리를 1단 무늬뜨기한다.

5 주머니 위쪽에 수실로 꽃 모양 자수를 놓고 에이프런 앞판의 적당한 위치에 달아 완성한다.

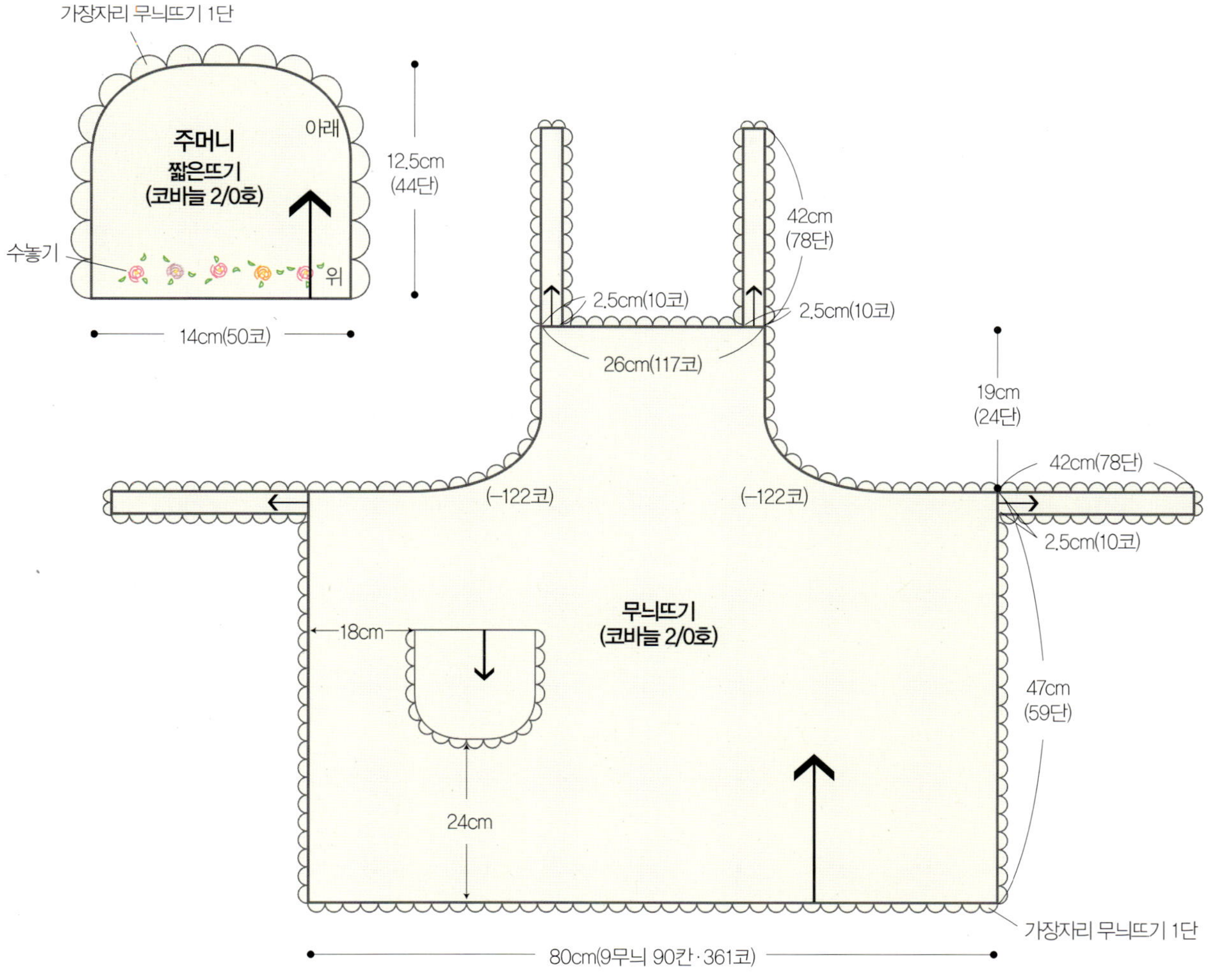

가장자리 무늬뜨기 1단

주머니
짧은뜨기
(코바늘 2/0호)

아래

위

수놓기

12.5cm
(44단)

14cm(50코)

42cm
(78단)

2.5cm(10코)

2.5cm(10코)

26cm(117코)

19cm
(24단)

42cm(78단)

2.5cm(10코)

(−122코)

(−122코)

무늬뜨기
(코바늘 2/0호)

18cm

47cm
(59단)

24cm

가장자리 무늬뜨기 1단

80cm(9무늬 90칸·361코)

★ 무늬뜨기

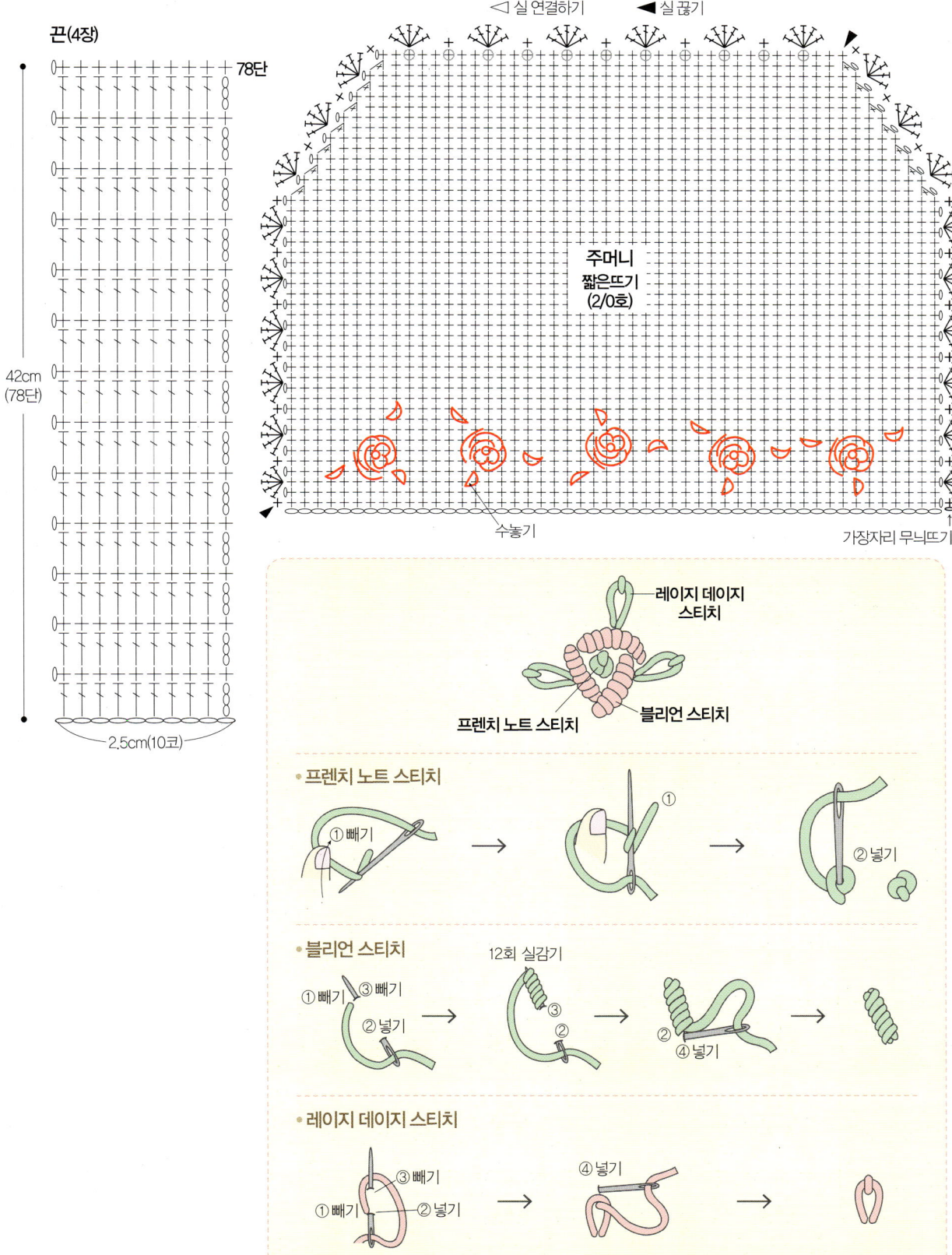

끈(4장)

78단

42cm
(78단)

2.5cm(10코)

◁ 실 연결하기 ◀ 실 끊기

주머니
짧은뜨기
(2/0호)

수놓기

가장자리 무늬뜨기

레이지 데이지
스티치

프렌치 노트 스티치   블리언 스티치

• 프렌치 노트 스티치

① 빼기

①

② 넣기

• 블리언 스티치

① 빼기 ③ 빼기
② 넣기

12회 실감기

③
②

②
④ 넣기

• 레이지 데이지 스티치

③ 빼기
① 빼기 ② 넣기

④ 넣기

베이지 물병 파우치
Water Pouch

재료 베이지색 마사 40g, 자석 스냅단추 1쌍, 겨자색 끈 30cm, 나무단추 2개
바늘 코바늘 4/0호
사이즈 가로 7.5cm×세로 19cm

만드는 법

1 코바늘 4/0호로 원을 만들어 7코를 잡고 파우치의 원형 바닥 부분을 뜬다.

2 파우치 측면은 코에 변화를 주며 1길 긴뜨기, 사슬뜨기로 뜬 뒤 가장자리 1단은 무늬뜨기로 뜬다.

3 파우치 입구 부분에 자석 스냅단추를 달아준다.

4 베이지색 마사로 35cm(69코) 길이의 파우치 끈을 뜬 뒤 겨자색 끈을 지그재그로 끼워 넣는다.

5 파우치 위쪽에 끈과 나무단추를 달아 마무리한다.

자석 스냅단추
달기

적당한 위치에
끈을 달고 그 위에
나무단추를 단다.

19cm

지름 7.5cm

0.5cm 폭의
겨자색 끈을 위아래로
번갈아 끼워 넣는다.

★ 끈 – 코바늘 4/0호

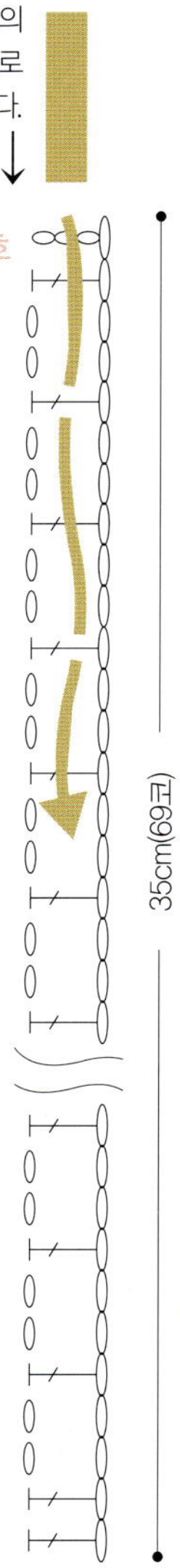

35cm(69코)

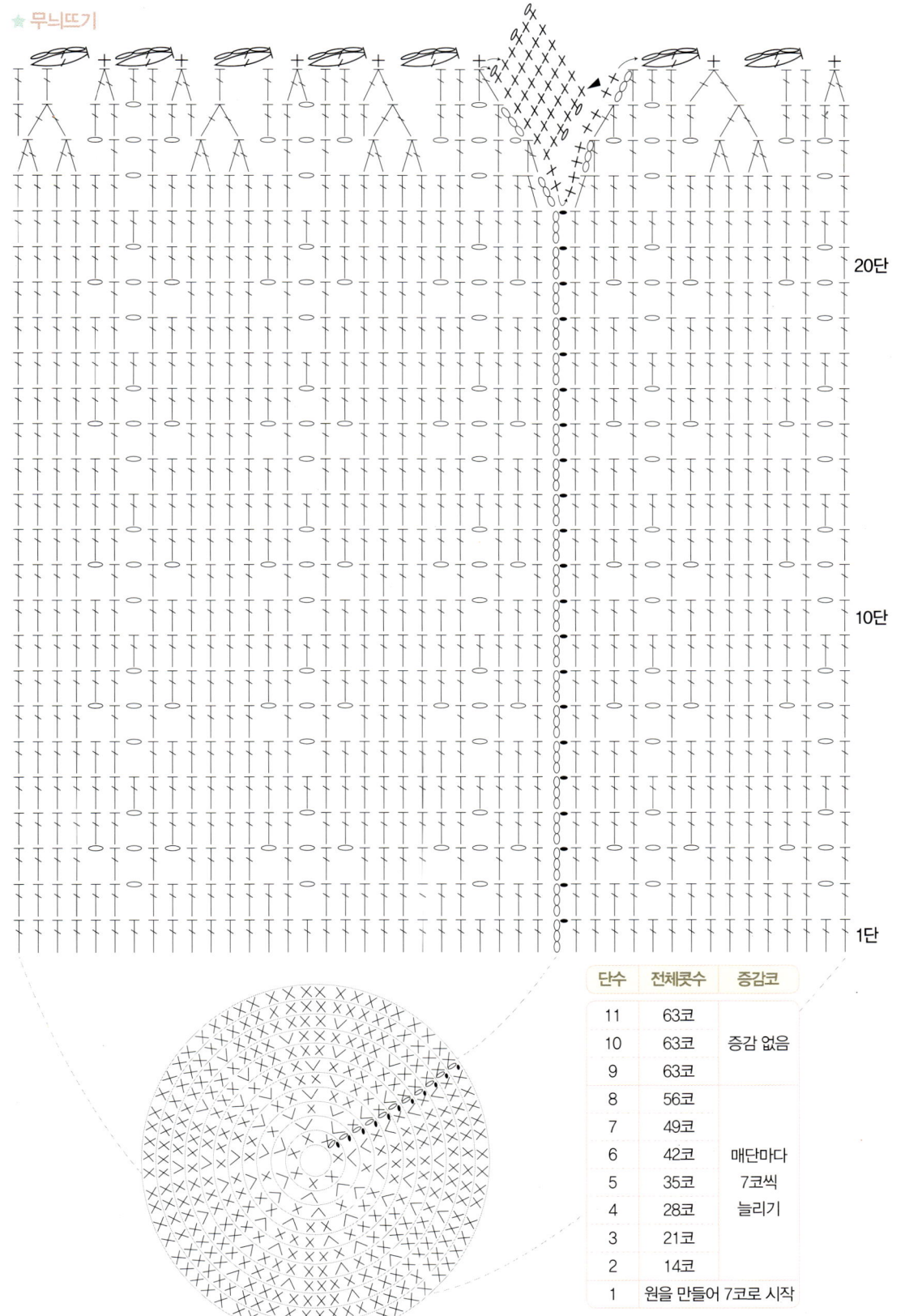

★ 무늬뜨기

단수	전체콧수	증감코
11	63코	
10	63코	증감 없음
9	63코	
8	56코	
7	49코	
6	42코	매단마다
5	35코	7코씩
4	28코	늘리기
3	21코	
2	14코	
1	원을 만들어 7코로 시작	

20단

10단

1단

레인보우 뜨개 화분
Rainbow Centerpiece

색색의 면사 약간씩, 연두색·초록색 면사 약간씩, 와이어 1m
바늘 코바늘 4/0호, 코바늘 5/0호
사이즈 가로 12cm×세로 16cm

만드는 법
1 코바늘 4/0호, 5/0호와 원하는 색의 면사를 사용해 다양한 모양의 꽃잎을 뜬다.
2 줄기 부분은 코바늘 5/0호로 사슬뜨기하고 짧은뜨기로 바꿀 때 안에 와이어를 넣고 뜬다.
3 연두색과 초록색 면사는 나뭇잎 모양으로 28장을 떠서 준비한다.
4 각각의 꽃잎과 줄기, 나뭇잎을 돗바늘로 꿰매 연결한다.
5 꽃들을 모두 모아 리본이나 와이어로 묶고 적당한 그릇에 담는다.

★ **카라꽃**(2송이) – 코바늘 5/0호

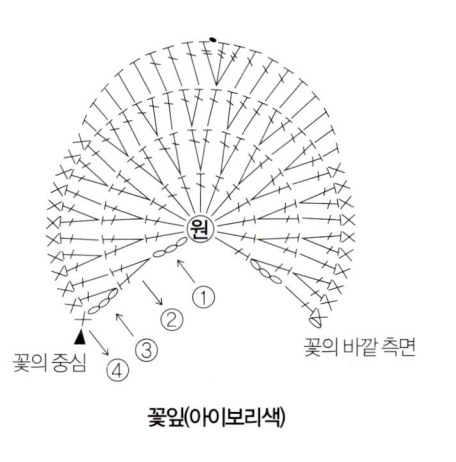

꽃의 중심
꽃의 바깥 측면
④ ③ ② ①
원

꽃잎(아이보리색)

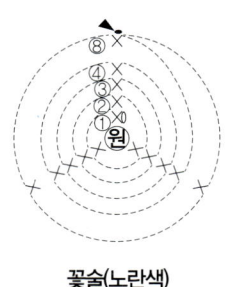

⑧
④ ③ ② ①
원

꽃술(노란색)

Detail
화분 모양처럼 만들어 주방 테이블이나 침대 서랍장에 올려 인테리어 소품처럼 활용해요.

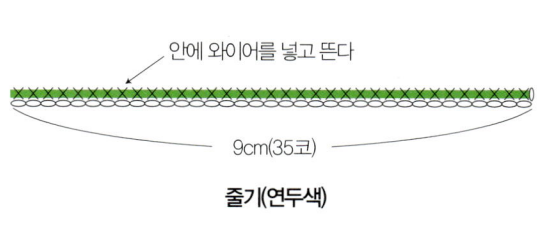

안에 와이어를 넣고 뜬다
9cm(35코)

줄기(연두색)

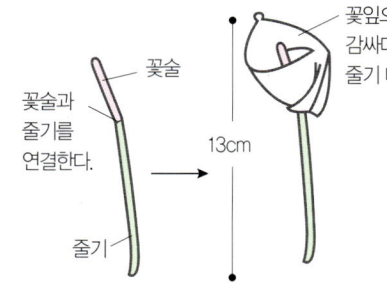

꽃술
꽃술과 줄기를 연결한다.
줄기
13cm
꽃잎으로 꽃술을 감싸며 돌돌 말아 줄기 대에 꿰맨다.

★ 들꽃(6송이) – 코바늘 5/0호

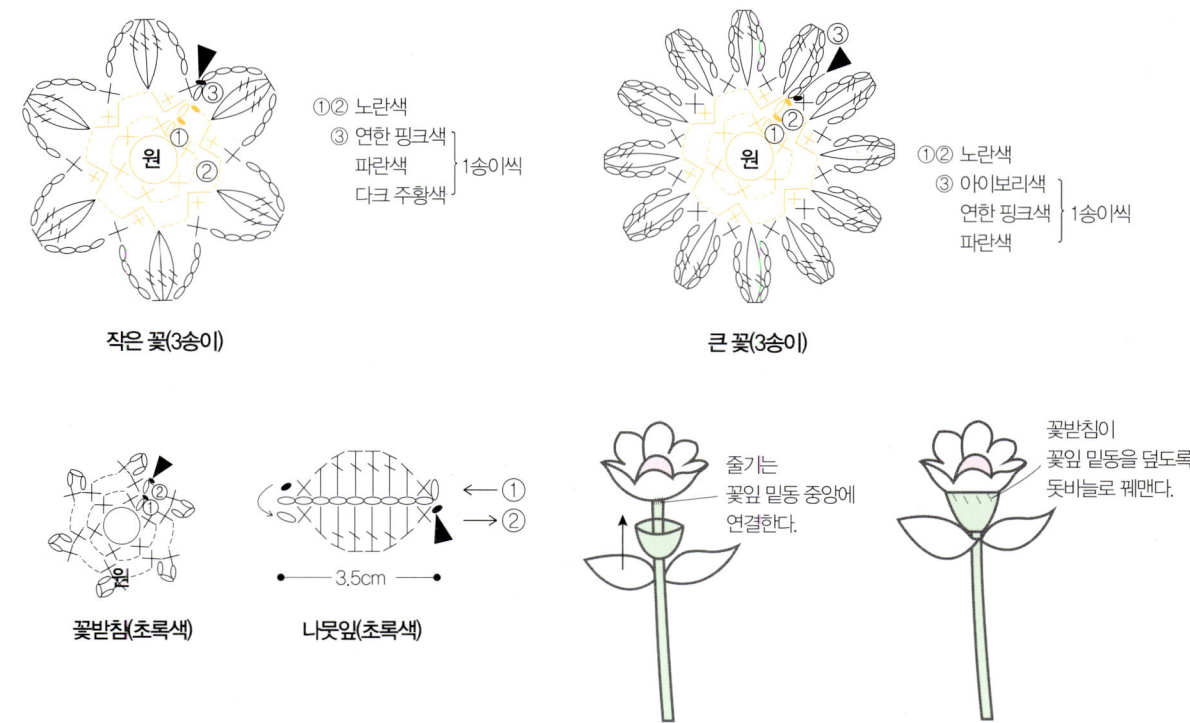

원

①② 노란색
③ 연한 핑크색
　파란색
　다크 주황색
} 1송이씩

작은 꽃(3송이)

원

①② 노란색
③ 아이보리색
　연한 핑크색
　파란색
} 1송이씩

큰 꽃(3송이)

원

꽃받침(초록색)

● 3.5cm

← ①
→ ②

나뭇잎(초록색)

줄기는
꽃잎 밑동 중앙에
연결한다.

꽃받침이
꽃잎 밑동을 덮도록
돗바늘로 꿰맨다.

★ 노란 국화꽃(1송이) – 코바늘 3/0호, 코바늘 4/0호

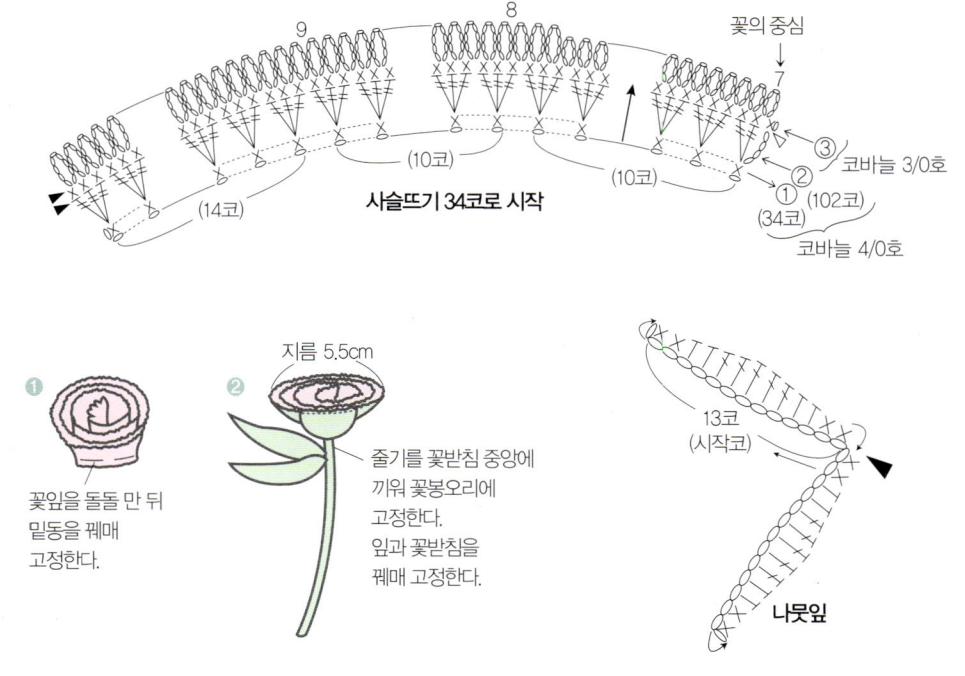

9　　　8　　　꽃의 중심
7

(14코)　(10코)　사슬뜨기 34코로 시작　(10코)

③
② 코바늘 3/0호
① (102코)
(34코)
코바늘 4/0호

❶ 꽃잎을 돌돌 만 뒤
밑동을 꿰매
고정한다.

❷ 지름 5.5cm

줄기를 꽃받침 중앙에
끼워 꽃봉오리에
고정한다.
잎과 꽃받침을
꿰매 고정한다.

13코
(시작코)

나뭇잎

95

★ 꽃봉오리(4송이) – 코바늘 4/0호

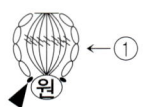 ←①

원

꽃봉오리
(진한 핑크색 2송이,
노란색·연한 핑크색 1송이씩)

꽃봉오리와 줄기를
연결해 꽃받침 중앙에
끼워 넣고 꿰맨다.

들꽃 꽃받침과 동일

12cm

★ 큰 장미(빨간색·진한 핑크색 1송이씩) – 코바늘 5/0호

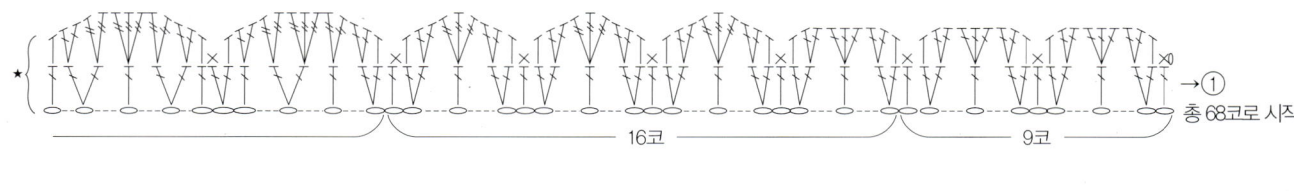

★

→①

총 68코로 시작

16코   9코

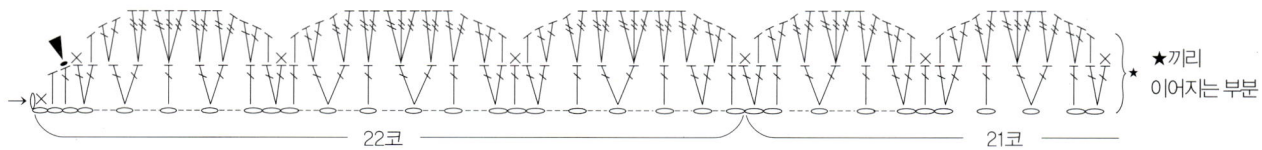

→①

★끼리
이어지는 부분

22코   21코

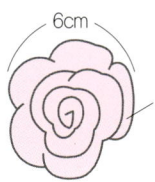

6cm

꽃잎을 돌돌 말아
밑동을 꿰매
고정한다.

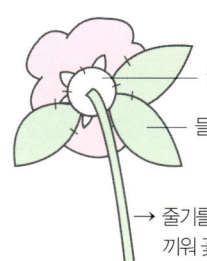

들꽃의 꽃받침과 동일

들꽃의 나뭇잎과 동일

→ 줄기를 꽃받침 중앙에
끼워 꽃봉오리와 고정한 뒤
나뭇잎과 꽃받침을 꿰맨다.

★ **작은 장미**(연한 보라색 2송이, 진한 보라색·진한 자주색 1송이씩) – 코바늘 5/0호

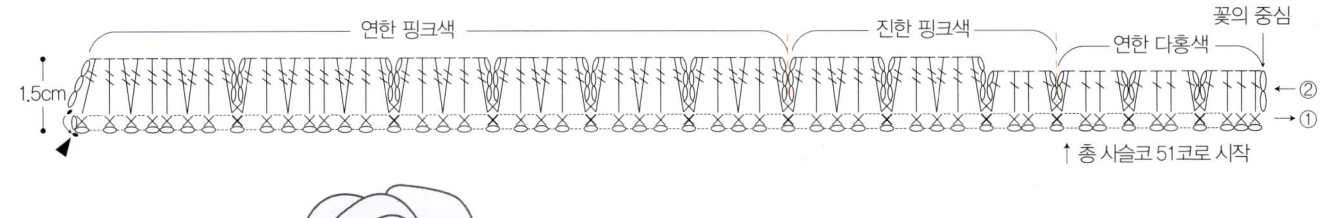

1.5cm

연한 핑크색 ── 진한 핑크색 ── 연한 다홍색 ── 꽃의 중심

← ②
→ ①

↑ 총 사슬코 51코로 시작

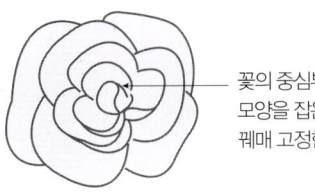

꽃의 중심부터 돌돌 말아
모양을 잡은 뒤 꽃받침 부분을
꿰매 고정한다.

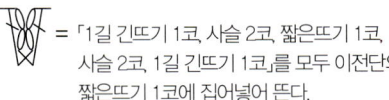

= 「1길 긴뜨기 1코, 사슬 2코, 짧은뜨기 1코,
사슬 2코, 1길 긴뜨기 1코」를 모두 이전단의
짧은뜨기 1코에 집어넣어 뜬다.

★ **튤립**(빨간색·연한 핑크색 1송이씩) – 코바늘 5/0호

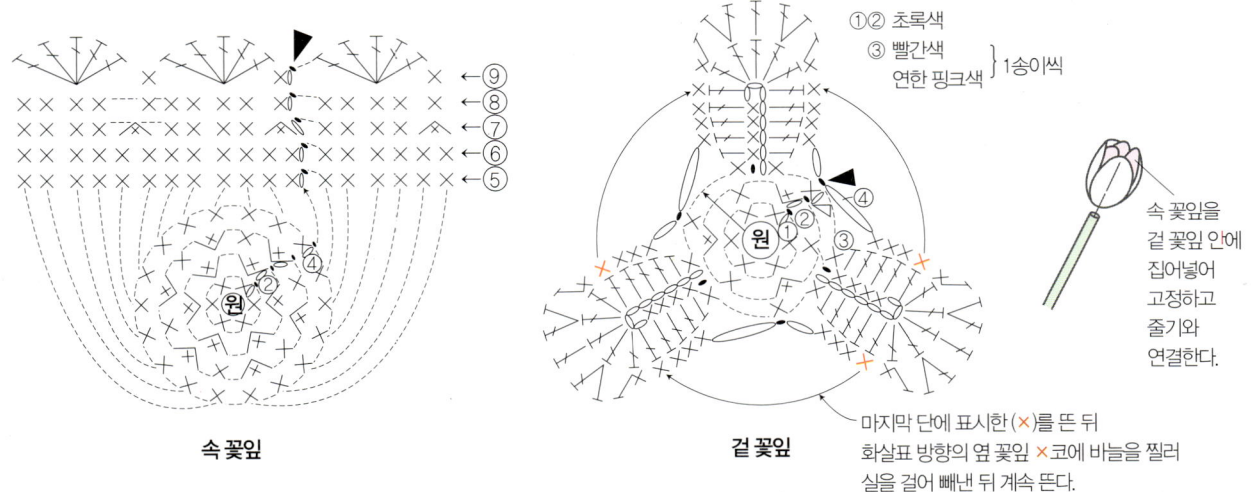

← ⑨
← ⑧
← ⑦
← ⑥
← ⑤

원 ④

속 꽃잎

①② 초록색
③ 빨간색 } 1송이씩
연한 핑크색

①② 원 ④
③

겉 꽃잎

마지막 단에 표시한 (×)를 뜬 뒤
화살표 방향의 옆 꽃잎 ×코에 바늘을 찔러
실을 걸어 빼낸 뒤 계속 뜬다.

속 꽃잎을
겉 꽃잎 안에
집어넣어
고정하고
줄기와
연결한다.

하나로 묶어
꽃다발을 만든다.

» p.42

북유럽풍 주방장갑
North European Glove

재료
에메랄드 녹색 면사 40g, 빨간색 면사 약간
바늘 코바늘 2/0호
사이즈 가로 14cm×세로 24cm

만드는 법

1 코바늘 2/0호로 에메랄드 녹색 면사를 잡아 그림과 같이 장갑의 앞, 뒷면을 뜬다.

2 꽃 모양 모티브 1장을 뜬 뒤 장갑 앞면에 감침질로 꿰매 연결한다.

3 장갑 앞, 뒷면을 안면끼리 닿도록 놓고 테두리를 빨간색 면사로 짧은뜨기해 연결
하면서 뜬 뒤 끝나는 부분에 고리 끈도 만든다.

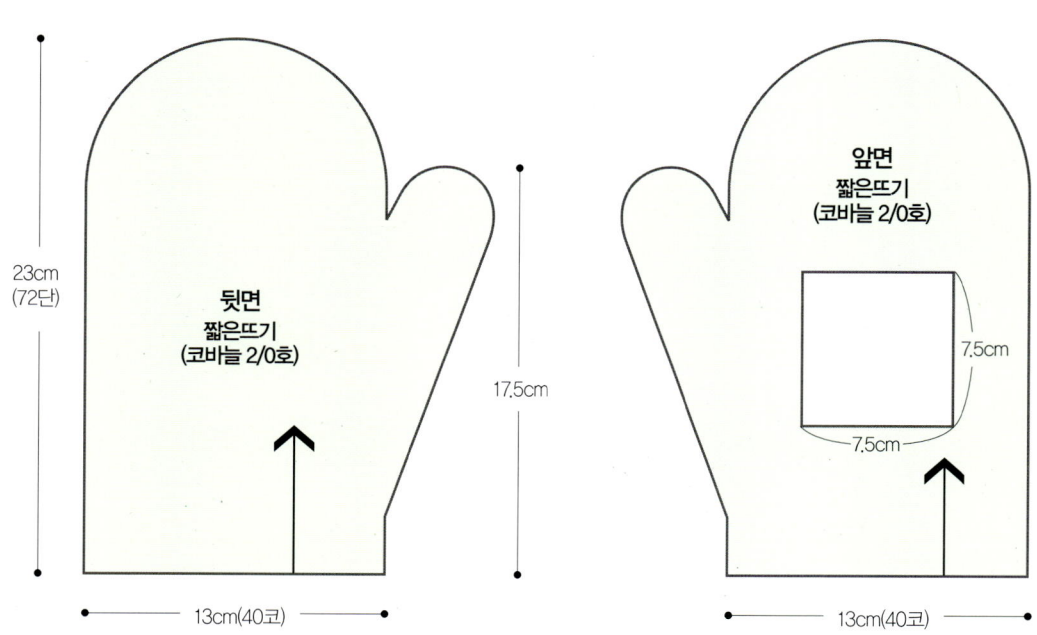

뒷면
짧은뜨기
(코바늘 2/0호)

23cm
(72단)

13cm(40코)

앞면
짧은뜨기
(코바늘 2/0호)

17.5cm

7.5cm

7.5cm

13cm(40코)

★ **모티브**

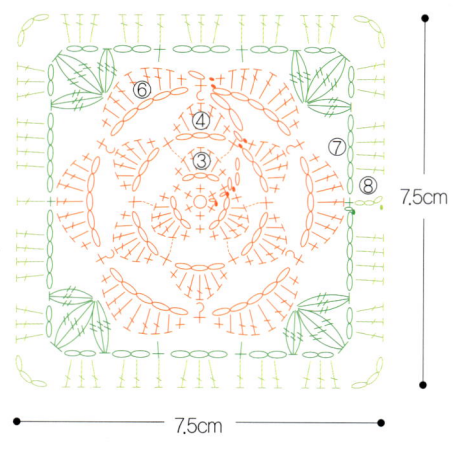

⑥ ④ ③ ⑦ ⑧

7.5cm

7.5cm

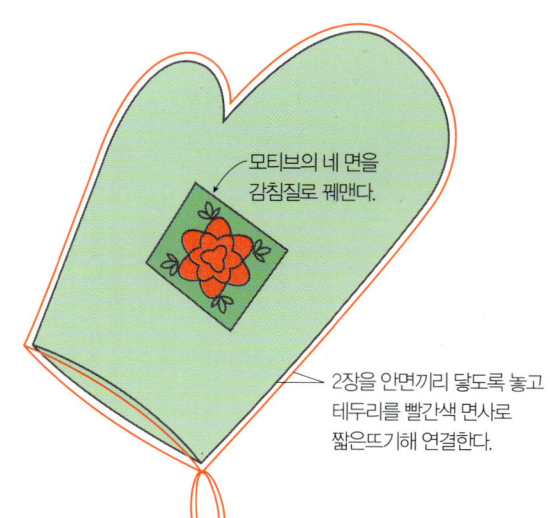

모티브의 네 면을
감침질로 꿰맨다.

2장을 안면끼리 닿도록 놓고
테두리를 빨간색 면사로
짧은뜨기해 연결한다.

98

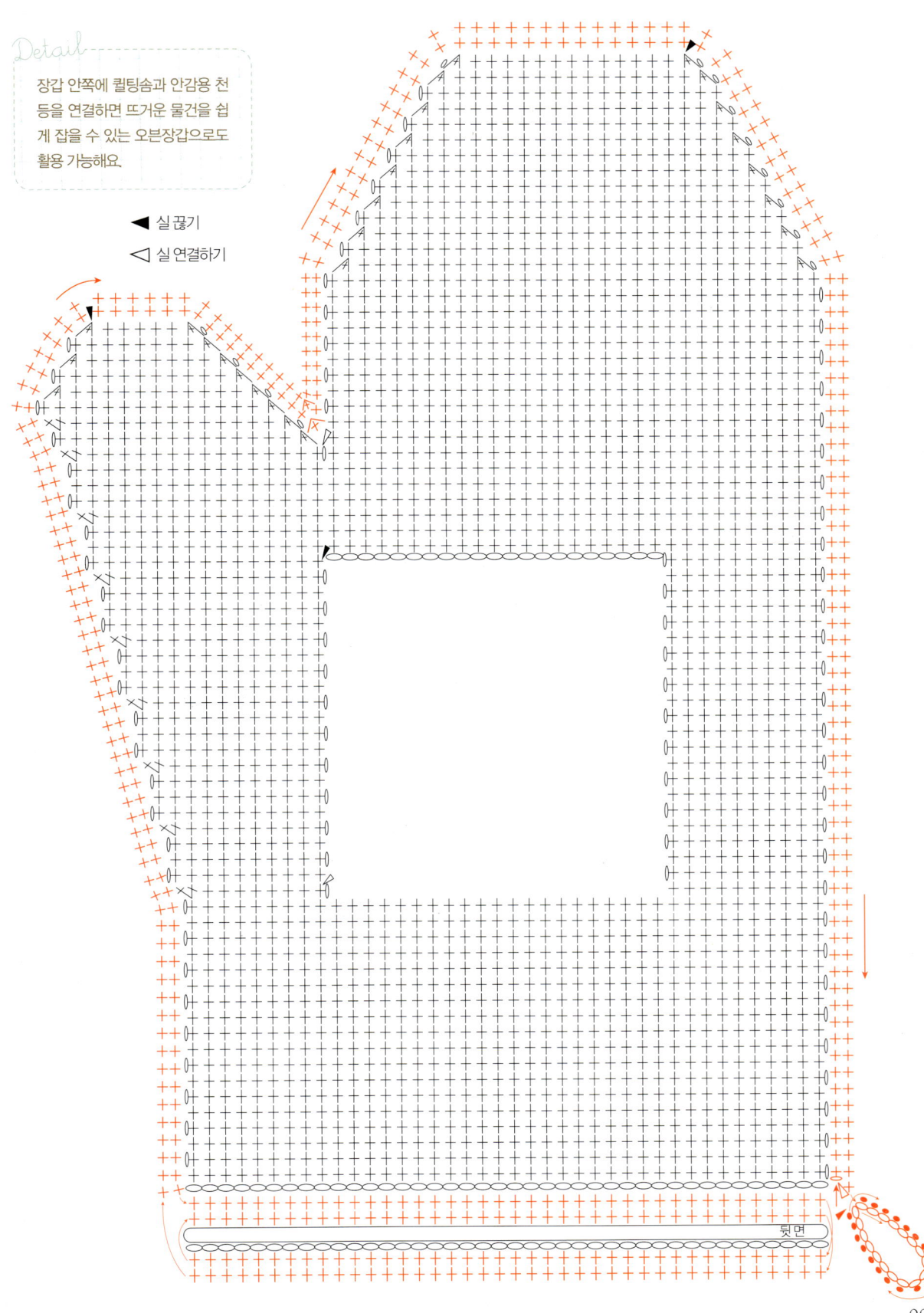

Detail

장갑 안쪽에 퀼팅솜과 안감용 천 등을 연결하면 뜨거운 물건을 쉽 게 잡을 수 있는 오븐장갑으로도 활용 가능해요.

◀ 실 끊기

◁ 실 연결하기

뒷면

"" P.44

로맨틱 핑크 러그
Romantic Pink Rug

재료

핑크색 굵은 면사 600g
바늘 코바늘 6/0호

만드는 법

코바늘 6/0호로 핑크색 굵은 면사를 잡아 사슬뜨기, 1길 긴뜨기, 짧은뜨기 등의 뜨개
방식을 도안대로 바꿔가며 러그를 뜬다.

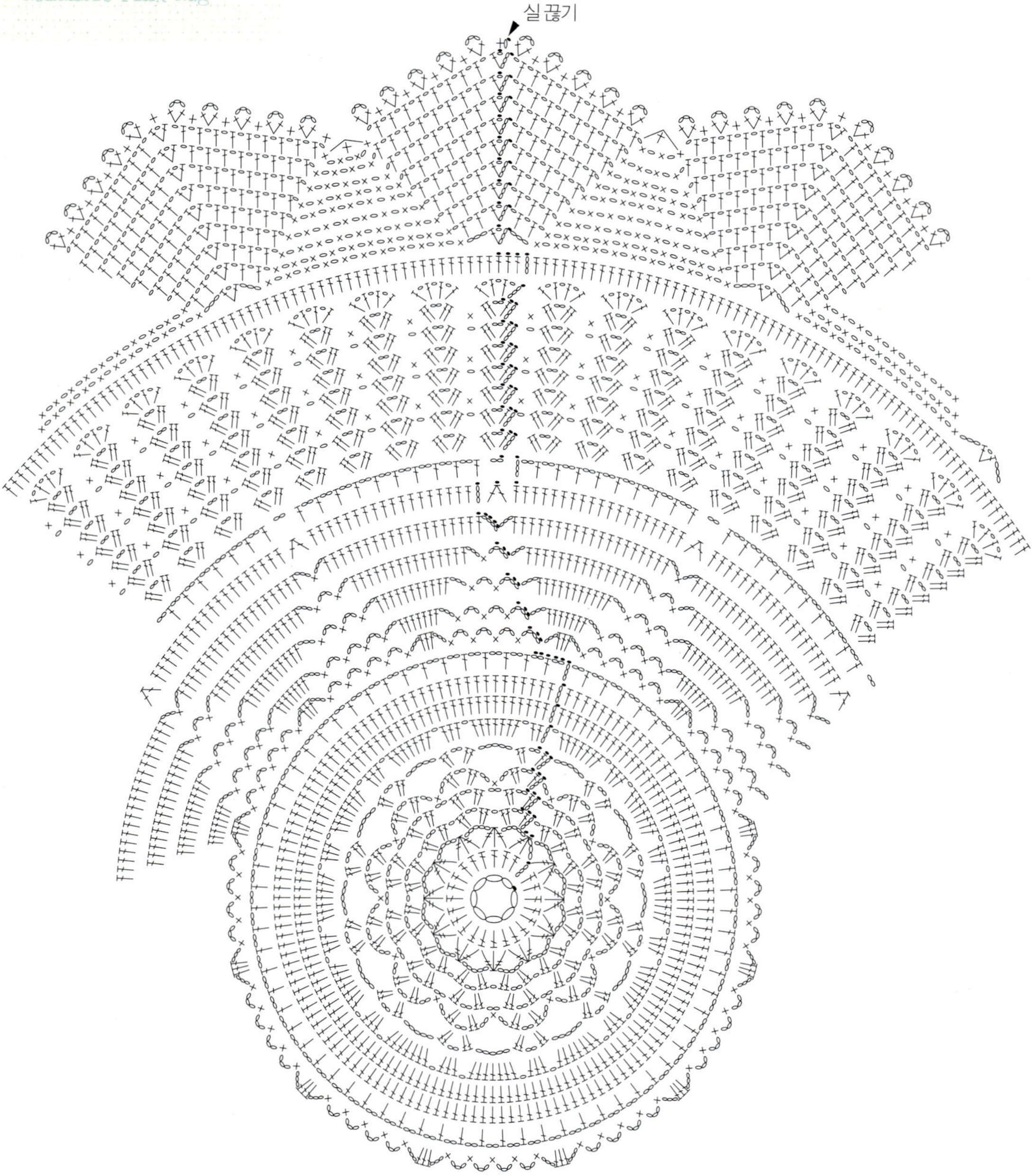

실 끊기

피오니 쿠션 커버
Peony Cushion Cover

재료 흰색 굵은 면사 300g, 나무 단추 4개
바늘 코바늘 6/0호
사이즈 사방 40cm

만드는 법

1 코바늘 6/0호와 흰색 면사를 사용해 꽃 모양 모티브 1장을 뜬다.

2 같은 방법으로 모티브 1장을 더 뜨고 마지막 단을 뜰 때 1의 모티브와 연결해가며 마무리한다.

3 쿠션 커버 입구를 원통으로 3단 뜨고 단추를 달아 완성한다.

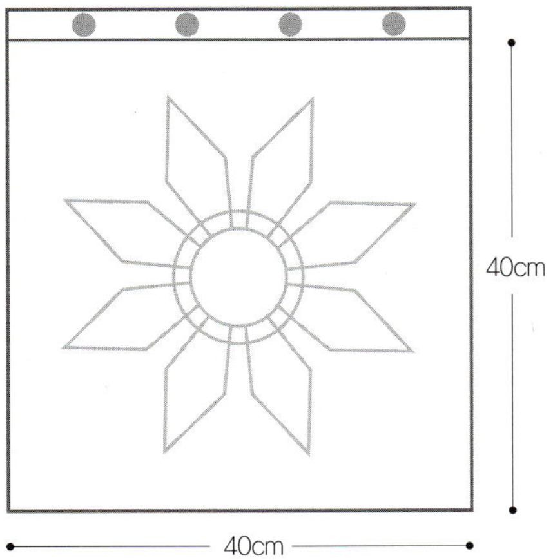

◀ 실 끊기   ◁ 실 연결하기   단춧구멍   단추 달기   입구부분

★ 끼리 연결하기
△ 끼리 연결하기

40cm

40cm

>> p.47

컬러풀 반짇고리
Colorful Sewing Box

재료
진한 보라색·진한 핑크색·노랑색·민트색 실 30g씩
바늘 코바늘 5/0호
사이즈 바닥 지름 8cm, 높이 7cm

만드는 법

1 코바늘 5/0호와 원하는 색의 실을 사용해 원형으로 8코를 잡아 뜬다.

2 2단부터 9단까지 8코씩 늘려가며 원형 바닥을 뜬다.

3 10단부터 증감 없이 떠 바구니 모양으로 만들고 17, 18단을 빼뜨기로 마무리한다.

4 뚜껑은 반짇고리 바닥 부분과 같은 방법으로 뜨고 마지막 단은 되돌아 짧은뜨기로 뜬다.

5 뚜껑 고리는 사슬코 8코를 뜬 뒤 빼뜨기해 만들고 반 접어 뚜껑 가운데에 단다.

6 뚜껑에 달려 있는 실은 바구니 한쪽 귀퉁이에 걸어 묶은 뒤 정리한다.

단수	증감코	전체콧수
18 ⟩ 10	증감 없음	72코
9	+8코	72코
8	〃	64코
7	〃	56코
6	〃	48코
5	〃	40코
4	〃	32코
3	〃	24코
2	+8코	16코
1	원을 만들어 8코로 시작	

측면
(총 72코)

뚜껑

8cm(9단)

5cm(9단)

8cm(9단)

링

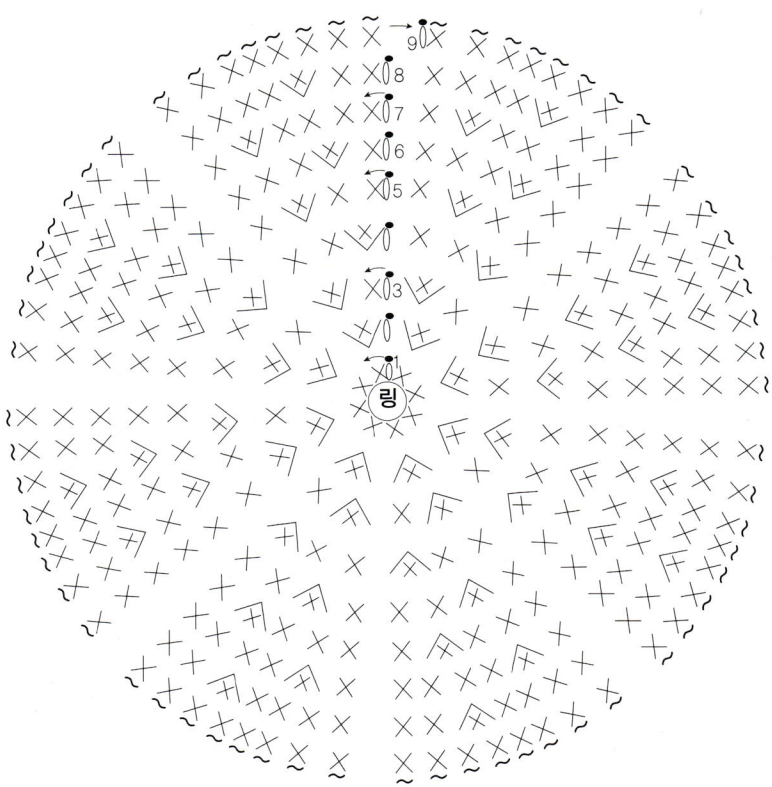

★ 뚜껑

★ 뚜껑 고리

반 접어 뚜껑 윗면 중앙에 고정시킨다.

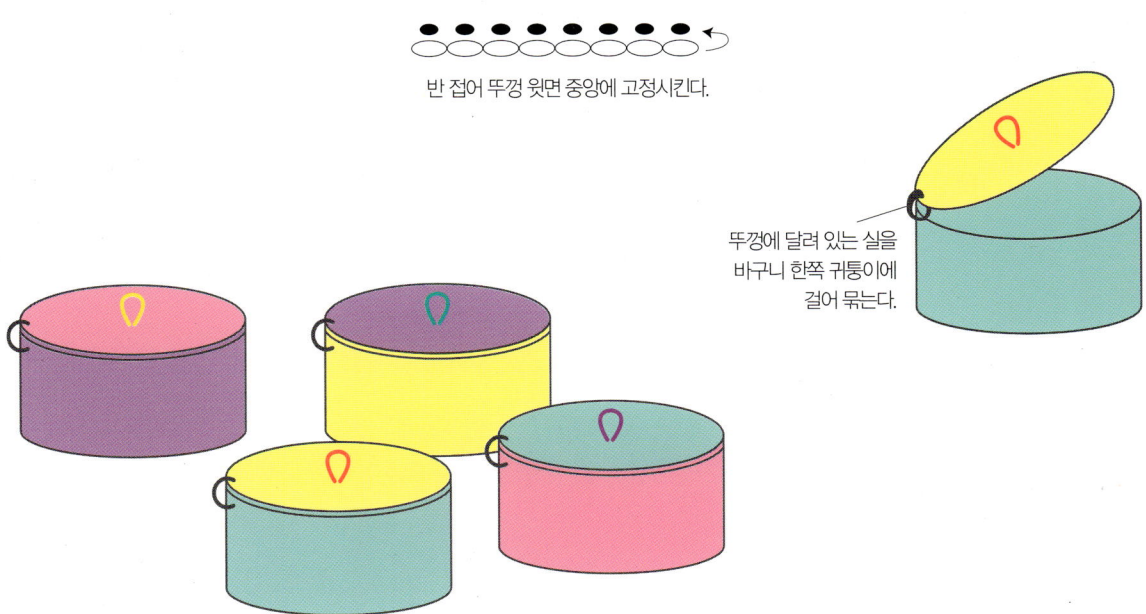

뚜껑에 달려 있는 실을
바구니 한쪽 귀퉁이에
걸어 묶는다.

» p.50

벚꽃 헤어핀
Cherry Blossom Hairpin

재료
색색의 수실, 큐빅 6개, 핀대 1개
바늘 레이스용 코바늘 4/0호
사이즈 폭 2cm, 길이 10.5cm

만드는 법

1 레이스용 코바늘 4/0호와 색색의 수실을 사용해 꽃 모티브 6개를 뜬다.
2 완성한 모티브를 뒤집어 뒷면 가운데에 접착제를 바른 뒤 큐빅을 붙인다.
3 핀대 위에 색색의 모티브를 올리고 접착제를 발라 나란히 붙인다.

★ 꽃 모티브

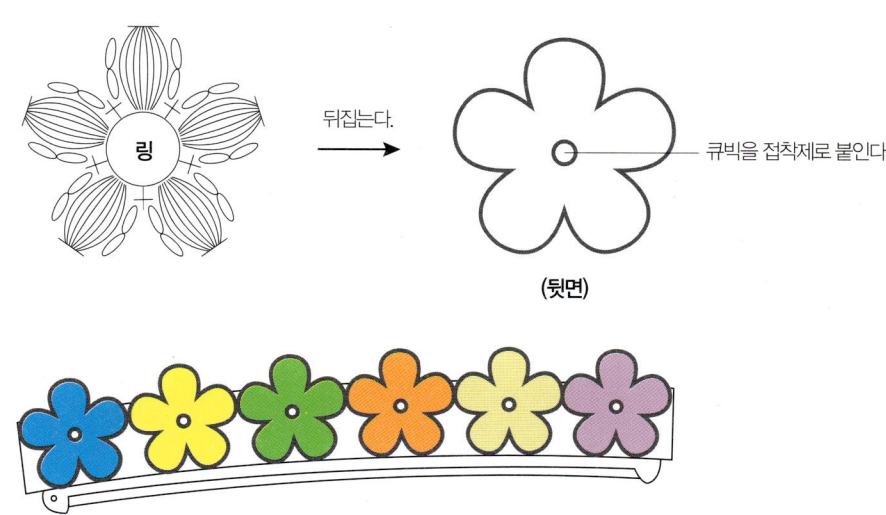

뒤집는다.

링

큐빅을 접착제로 붙인다.

(뒷면)

핀대 위에 접착제를 발라 꽃 모티브를 나란히 붙인다.

★ 헤어밴드(수실 2겹) – 코바늘 2/0호

수실 2겹으로 뜬다.

나뭇잎

고무밴드 위에 접착제를 발라
꽃 모티브를 붙인다.

» p.52

롤리팝 방울끈
Lollipop Hairband

재료
빨간색·노란색·연두색·초록색·하늘색·네이비색·갈색 수실 약간씩, 쌍반캡 고무줄 2개, 방울솜 약간
바늘 코바늘 0호
사이즈 방울 지름 3cm

만드는법

1 도안을 참고해 코바늘 0호로 색색의 수실을 순서대로 잡아 지름 3cm 크기의 방울을 2개 뜬다.

2 떠놓은 방울 속에 솜을 가득 채운 뒤 고무줄 양 끝에 달려 있는 캡을 방울 속으로 하나씩 집어넣는다.

3 캡을 넣은 방울의 입구를 오므려 조인 뒤 창구멍을 꿰매 막는다.

★ 방울 뜨기 – 코바늘 0호

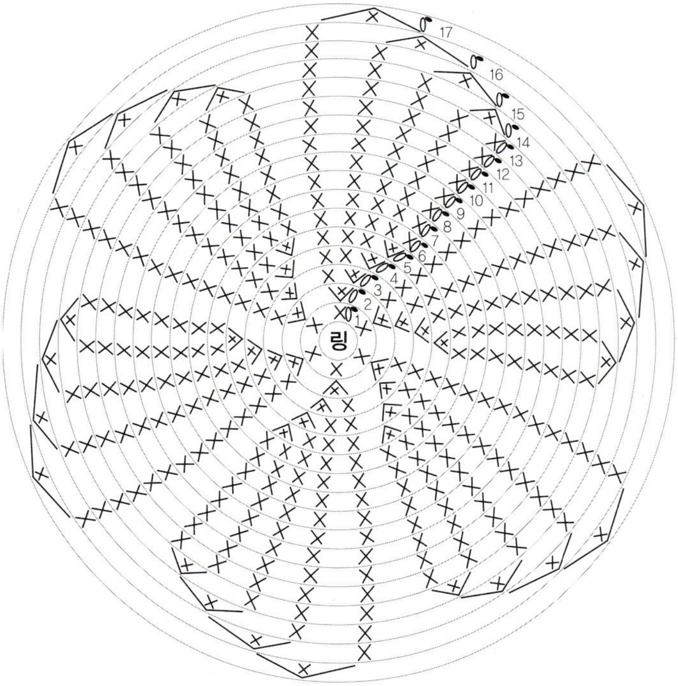

링

단수	증감코	전체콧수	
빨간색	17	−6코	6코
	16	−6코	12코
갈색	15	−6코	18코
	14	−6코	24코
네이비색	13	증감 없음	30코
	12	〃	30코
하늘색	11	〃	30코
	10	〃	30코
초록색	9	〃	30코
	8	〃	30코
연두색	7	〃	30코
	6	〃	30코
노란색	5	+6코	30코
	4	+6코	24코
빨간색	3	+6코	18코
	2	+6코	12코
	1	원을 만들어 6코로 시작	

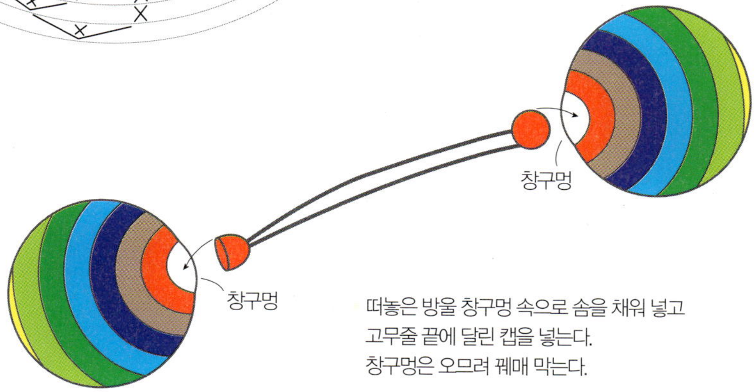

창구멍
창구멍
창구멍

떠놓은 방울 창구멍 속으로 솜을 채워 넣고
고무줄 끝에 달린 캡을 넣는다.
창구멍은 오므려 꿰매 막는다.

러블리 꽃방울
Lovely Flower Hairband

재료 체리 핑크색·노란색, 연한 보라색, 민트색, 다크 파랑색 수실 약간씩, 고무줄 2개, 나무단추 2개, 방울솜 약간

재료 체리 핑크색·노란색, 연한 보라색, 민트색, 다크 파랑색 수실 약간씩, 고무줄 2개, 나무단추 2개, 방울솜 약간

바늘 코바늘 0호

사이즈 방울 지름 5.5cm

만드는 법

1 코바늘 0호와 색색의 수실을 바꿔가며 사용해 솔방울 5개를 뜬다.

2 떠놓은 솔방울 창구멍 속으로 방울솜을 가득 채워 넣고 오므린다.

3 솔방울 5개를 꽃 모양으로 놓고 각각의 창구멍 끝 부분에 바늘을 여러 번 통과시켜 하나로 연결한다.

4 꽃 모양 윗면에 나무단추를 달고 뒷면에 접착제를 발라 고무줄을 붙인다.

★ 솔방울 뜨기(5개) – 코바늘 0호

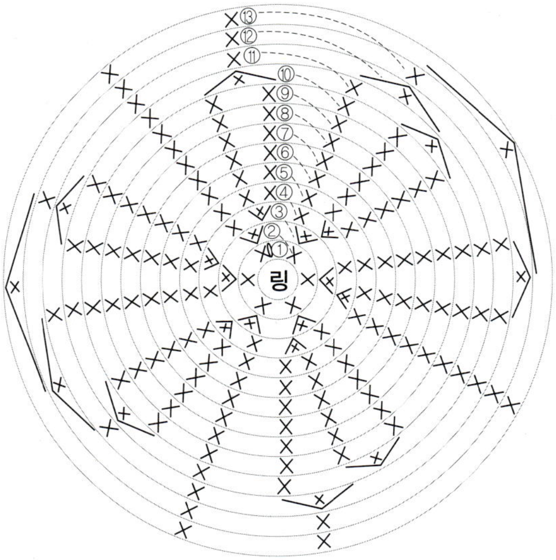

단수	증감코	전체콧수
13	−2코	7코
12	−2코	9코
11	−3코	11코
10	−4코	14코
9	〃	18코
8	〃	18코
7	〃	18코
6	〃	18코
5	〃	18코
4	〃	18코
3	+6코	18코
2	+6코	12코
1	원을 만들어 6코로 시작	

Detail

접착제가 아무리 강력해도 고무줄에 붙은 꽃방울이 잘 떨어져요. 방울의 실을 정리할 때 고무줄에 한 번씩 꿰맨 뒤 접착제를 바르면 튼튼하게 마무리할 수 있어요.

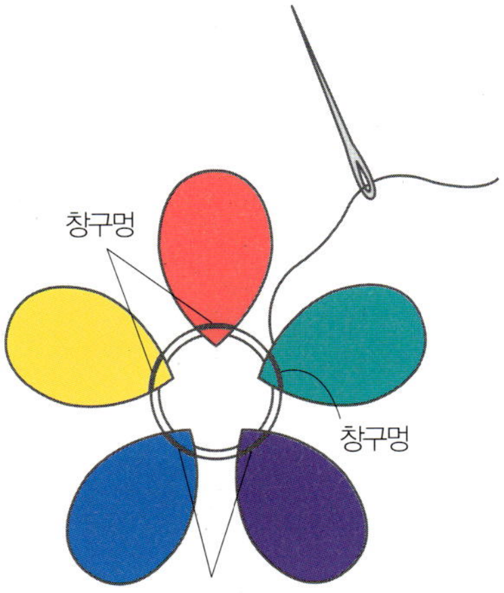

창구멍

창구멍

창구멍

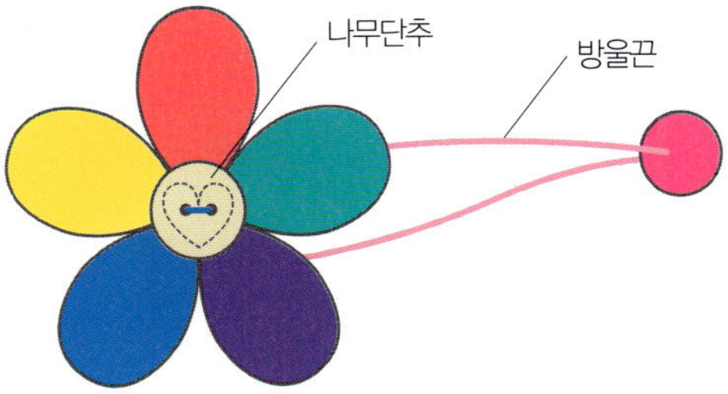

나무단추

방울끈

• 떠놓은 솔방울의 창구멍 안에 솜을 채워 넣고 끝을 실로 여러 번 통과시켜 오므린 뒤 매듭짓는다.
나무단추를 가운데에 달고 솔방울을 뒷면에 접착제를 발라 끈과 연결한다.

작은별 브로치
Small Star Brooch

재료

파란색·초록색·빨간색·노란색 면사 약간씩, 브로치 판(부토니아 핀) 3개
바늘 코바늘 2/0호
사이즈 길이 9.5cm

만드는 법

1 코바늘 2/0호와 원하는 색의 실을 사용해 도안대로 별 모티브 2장을 뜬다.

2 별 모티브 2장을 안면끼리 마주 닿게 놓고 노란색 실로 테두리를 짧은뜨기해 창구
  멍을 제외한 나머지 부분을 연결한다.

3 마지막 테두리 면 속으로 브로치 핀을 넣고 짧은 뜨기로 연결해 창구멍을 막는다.

4 나머지 색의 브로치를 같은 방법으로 만든다.

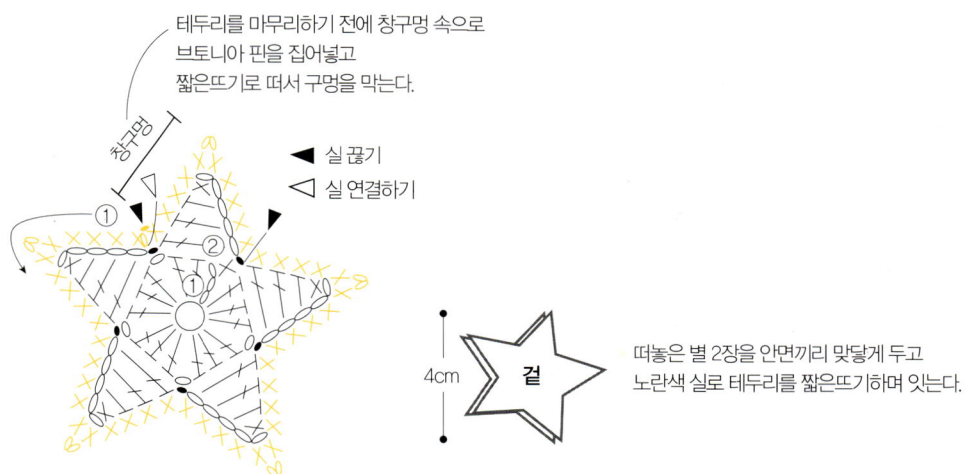

테두리를 마무리하기 전에 창구멍 속으로
브토니아 핀을 집어넣고
짧은뜨기로 떠서 구멍을 막는다.

◀ 실 끊기
◁ 실 연결하기

떠놓은 별 2장을 안면끼리 맞닿게 두고
노란색 실로 테두리를 짧은뜨기하며 잇는다.

4cm 겉

위 도안의 ①, ②단까지를 각각
빨간색, 초록색, 파란색으로 2장씩 뜬다.

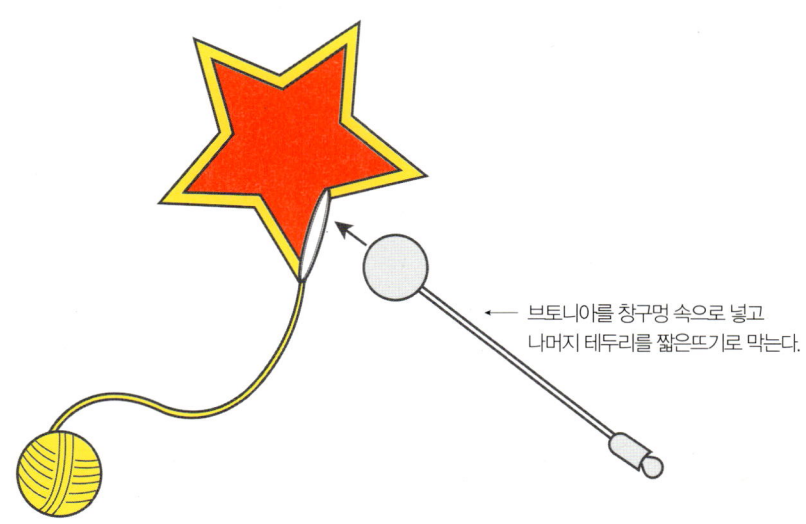

← 브토니아를 창구멍 속으로 넣고
나머지 테두리를 짧은뜨기로 막는다.

» p.57

마카롱 키홀더
Macaroon Key Ring

재료 색색의 면사·색색의 수실 약간씩, 지퍼(폭 1.5cm) 1개, 마카롱 뚜껑 2개, 미니 거울(지름 4.5cm) 1개, 펠트지 약간, 자석 스냅단추 1쌍, 키홀더 고리 1개

바늘 2.5mm 대바늘, 코바늘 2/0호

사이즈 지름 5.5cm

만드는 법

1 2.5mm 대바늘로 18코를 잡고 코를 늘리고 줄여가며 메리야스뜨기로 28단을 뜬다. 같은 방법으로 1장 더 만든다.

2 1에서 뜬 2장의 뜨개물은 끝에 달린 각각의 실로 테두리를 잔홈질한다. 오므릴 때 안에 마카롱 뚜껑을 넣고 조인다.

3 코바늘 2/0호로 뚜껑과 같은 색의 실을 10코 잡고 10단을 짧은뜨기해 패치를 만든다.

4 지퍼를 마카롱 뚜껑 둘레에 맞게 원으로 두르고 양 끝의 맞닿는 부분을 꿰맨 뒤 그 부분에 3의 패치를 덧대어 다시 한 번 꿰맨다.

5 2의 마카롱 뚜껑 2개를 겹치고 테두리에 지퍼를 맞대어 꿰맨다. 키홀더 고리는 지퍼 고리에 연결한다.

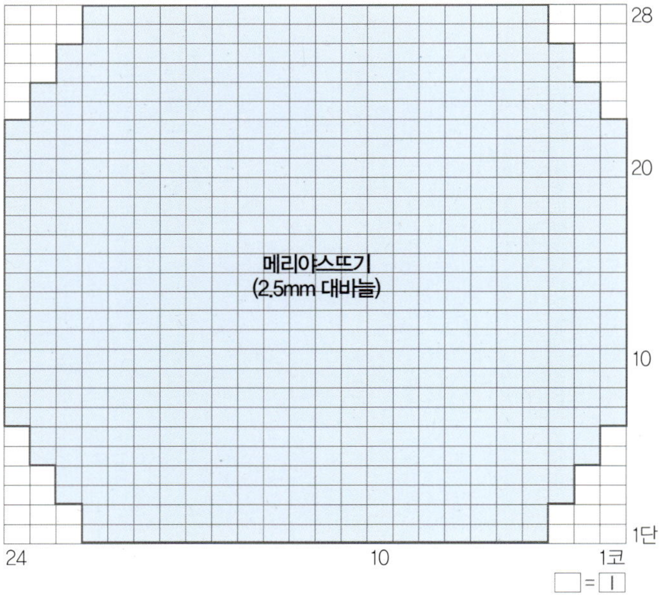

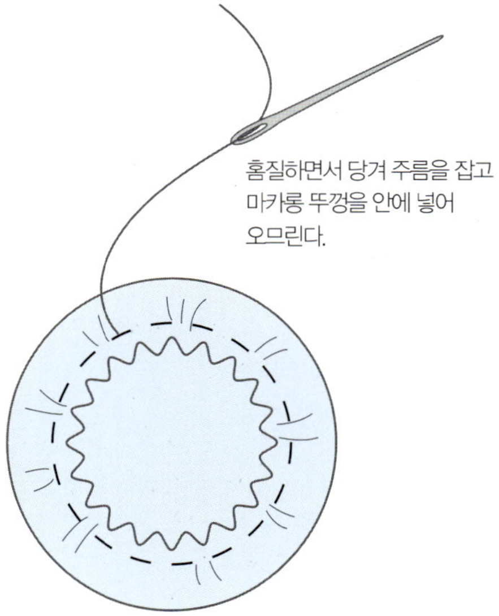

메리야스뜨기
(2.5mm 대바늘)

28
20
10
1단
24   10   1코
□ = ⏐

홈질하면서 당겨 주름을 잡고 마카롱 뚜껑을 안에 넣어 오므린다.

★ 패치 - 코바늘 2/0호

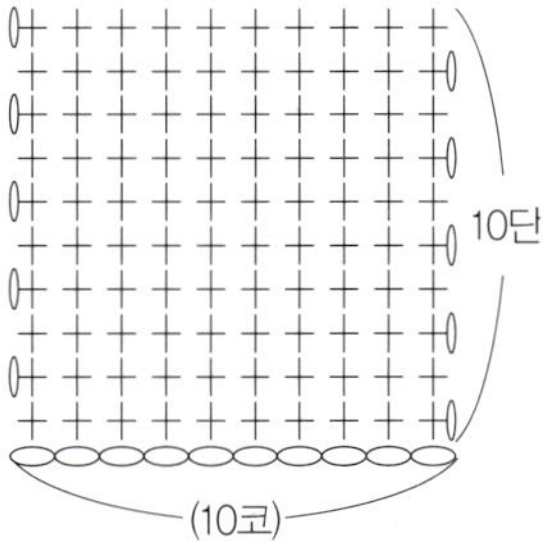

10단
(10코)

지퍼를 마카롱 뚜껑 둘레에 맞춰 자르고 그 위에 패치를 덮어 꿰맨다.

안쪽에 거울을 붙인다.

펠트지를 감침질로 꿰맨다.

마카롱 뚜껑 2장을 안쪽끼리 만나게 겹치고 둘레에 지퍼(약 15cm 길이)를 단다.

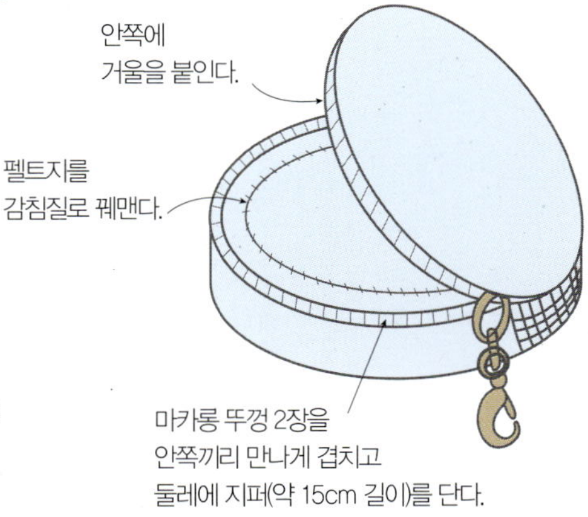

6 코바늘 2/0호와 색색의 실을 사용해 자동차, 나비, 꽃 등의 모티브를 뜬 뒤 마카롱 위쪽에 글루를 발라 붙인다.

7 마카롱 윗면 안쪽에 접착제를 발라 미니 거울을 붙이고 반대쪽 안에는 펠트지를 꿰매 완성한다.

★ **자동차** – 코바늘 2/0호

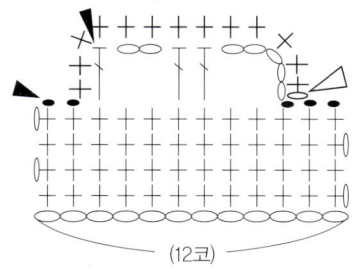

(12코)

바퀴

① 흰색
② 검정색

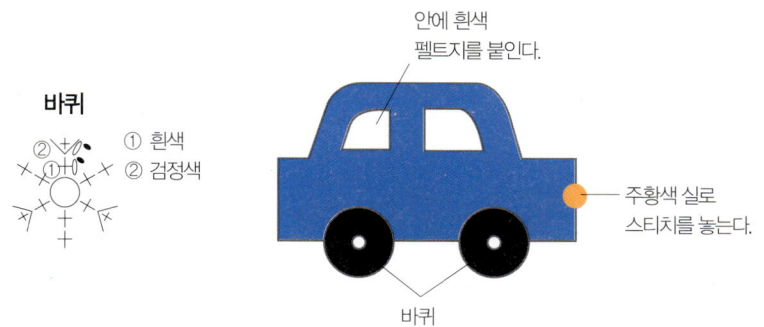

안에 흰색 펠트지를 붙인다.

주황색 실로 스티치를 놓는다.

바퀴

★ **나비** – 코바늘 2/0호

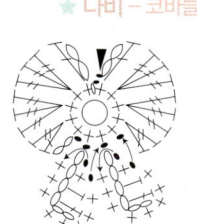

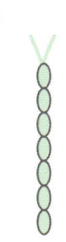

큐빅 붙일 위치

★ **꽃** – 코바늘 2/0호

큰 꽃 – 빨강색

링

작은 꽃

① 노란색
② 주황색

링

나뭇잎

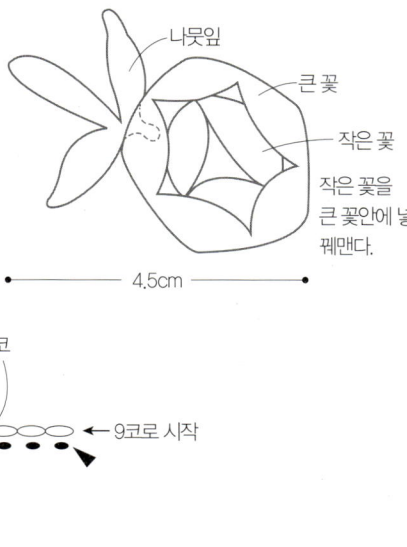

나뭇잎

큰 꽃

작은 꽃

작은 꽃을 큰 꽃안에 넣고 꿰맨다.

4.5cm

6코

8코

9코로 시작

6코

» p.58

캐릭터 브로치
Character Brooch

재료

주황색·베이지색·연한 보라색 모사 약간씩, 고양이 눈단추 1세트, 방울 1개, 갈색 수실·플라워 원단 약간씩, 구름솜 약간

바늘 2.5mm 대바늘

만드는 법

1 고양이와 토끼 인형의 얼굴, 몸통, 귀, 다리, 꼬리 부분을 2.5mm 대바늘을 이용해 메리야스뜨기로 뜬다.

2 1에서 뜬 각각의 부위를 반 접어 돗바늘로 옆선을 꿰맨 뒤 구름솜을 채워 넣는다.

3 몸통에 얼굴과 다리, 꼬리 부분을 대고 꿰맨다.

4 고양이 귀는 베이지색과 주황색 뜨개물을 1장씩 겹쳐 연결한 뒤 얼굴 위쪽에 놓고 꿰맨다.

5 고양이 눈 부분은 눈단추를 붙여 마무리하고, 코와 입, 수염은 도안처럼 스티치한다. 목에는 방울을 꿰매 단다.

6 도안을 참고해 토끼의 눈과 코, 입 부분을 스티치한다. 배 부분과 목의 리본도 마무리한다.

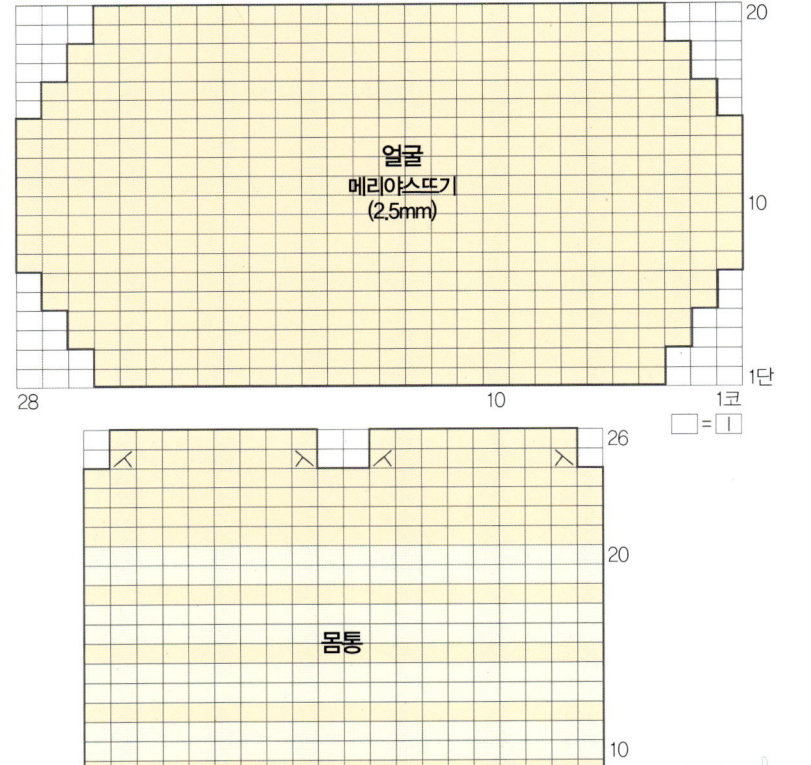

얼굴
메리야스뜨기
(2.5mm)

20

10

1단

28   10   1코

□ = |

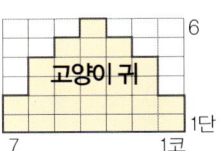

고양이 귀

6

7   1코   1단

(베이지색 2장, 주황색 2장)

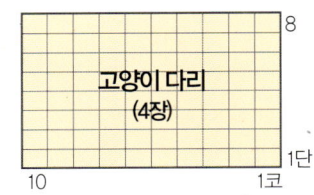

고양이 다리
(4장)

8

10   1코   1단

몸통

26

20

10

1단

20   10   1코

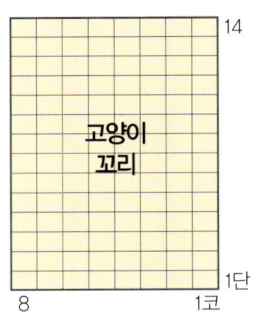

고양이
꼬리

14

8   1코   1단

Detail

토끼 얼굴과 몸통은 고양이 도안과 똑같이 뜨되 보라색 실만 이용해요. 고양이 몸통은 주황색과 베이지색의 실을 적절히 배색해 뜨면 된답니다.

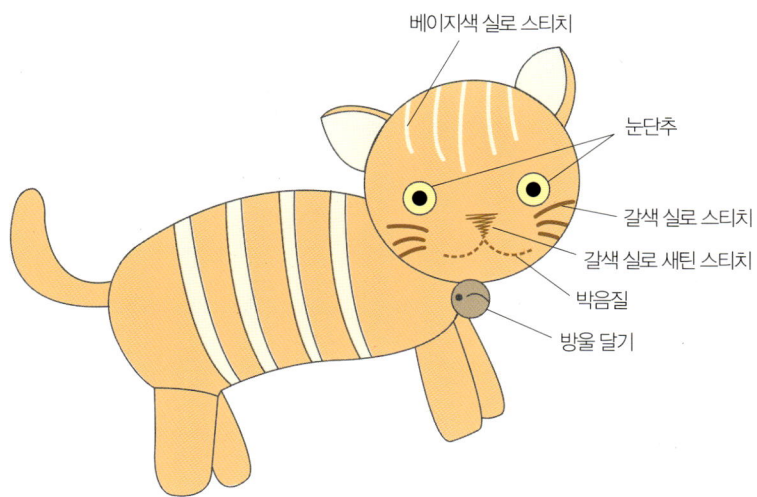

베이지색 실로 스티치

눈단추

갈색 실로 스티치

갈색 실로 새틴 스티치

박음질

방울 달기

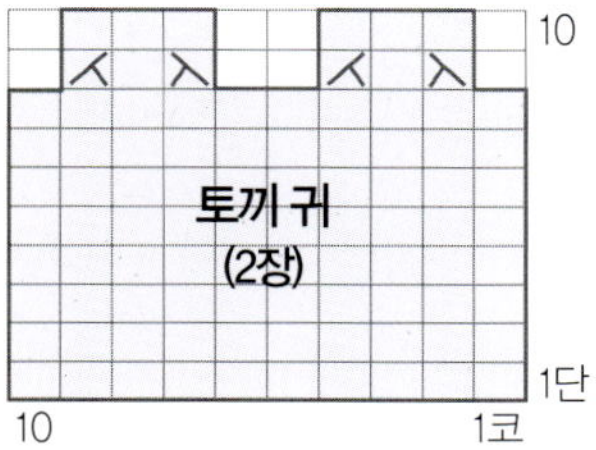

베이지색 실로 스티치

갈색 실로 새틴 스티치

박음질

실로 리본 매듭 만들기

감침질로 천 덧대기

10

토끼 귀
(2장)

1단

10　　　　　　1코

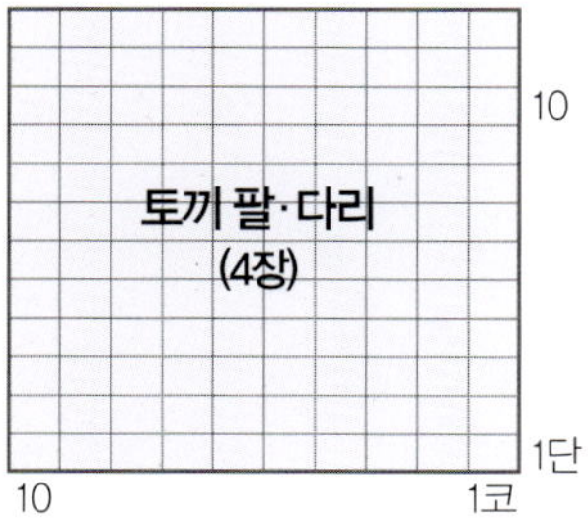

10

토끼 팔·다리
(4장)

1단

10　　　　　　1코

» p.60

하트&로즈 목걸이
Heart&Rose Necklace

재료

하트 모양 진한 핑크색 메탈릭 수실 약간씩, 색색의 구슬 적당량, 투명 고무줄 약간, 방울솜 약간

장미 모양 연한 핑크색·진한 핑크색·연한 주황색실 약간씩, 색색의 반투명 구슬 적당량, 투명 고무줄 약간

바늘 코바늘 2/0호, 코바늘 5/0호

만드는 법

하트 목걸이

1 코바늘 2/0호에 진한 핑크색 메탈릭 수실을 걸고 하트 모티브를 뜬 뒤 속에 방울솜을 채워 넣고 오므린다.

2 투명 고무줄에 색색의 구슬을 반쯤 꿰고 하트 모티브를 넣은 뒤 구슬을 반쯤 더 끼워 매듭을 짓는다.

로즈 목걸이

3 코바늘 5/0호와 3가지 색의 실을 사용해 장미 모티브를 뜨고 장미 꽃잎은 가운데부터 돌돌 말아 봉오리 모양을 잡는다.

4 꽃 밑동 부분을 실로 꿰매 고정한 뒤 지름 2.5cm가량의 펠트지를 댄다.

5 펠트지와 장미꽃을 감침질로 꿰매다가 반투명한 구슬을 꿴 투명 고무줄을 통과시키고 나머지를 감침질해 목걸이를 완성한다.

★ 하트 만들기 – 코바늘 2/0호

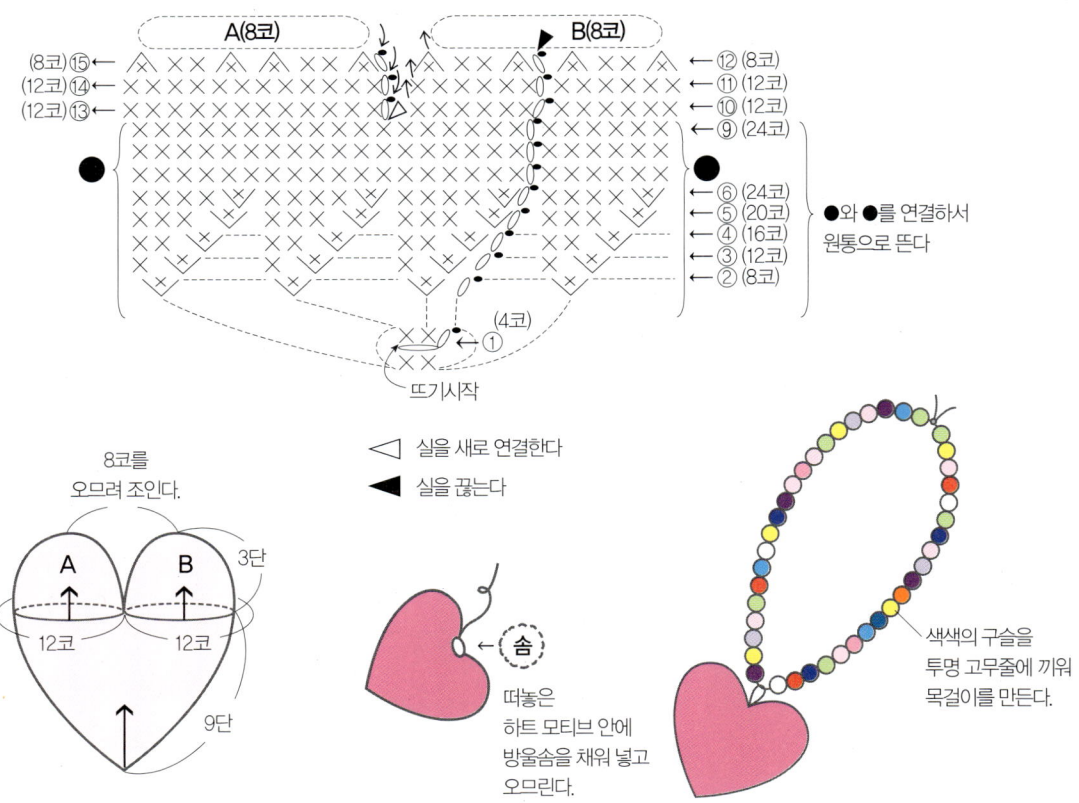

112

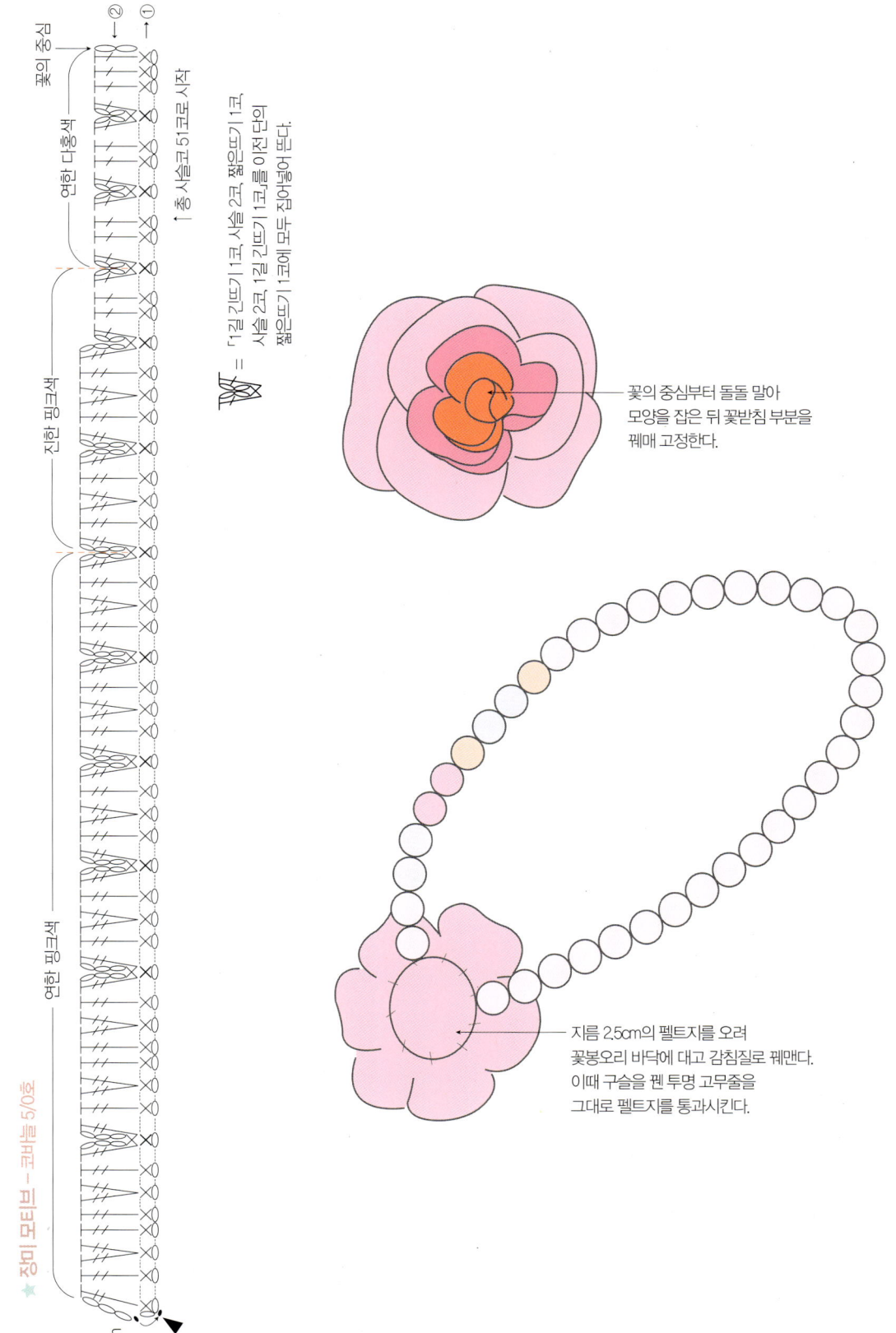

꽃의 중심

② ①

연한 다홍색

↑홍 사슬코 51코로 시작

$\mathbb{W}$ = 「1길 긴뜨기 1코, 사슬 2코, 짧은뜨기 1코, 사슬 2코, 1길 긴뜨기 1코」를 이전 단의 짧은뜨기 1코에 모두 집어넣어 뜬다.

진한 핑크색

연한 핑크색

✦ 장미 모티브 - 코바늘 5/0호

1.5cm

꽃의 중심부터 돌돌 말아 모양을 잡은 뒤 꽃받침 부분을 꿰매 고정한다.

지름 2.5cm의 펠트지를 오려 꽃봉오리 바닥에 대고 감침질로 꿰맨다. 이때 구슬을 꿴 투명 고무줄을 그대로 펠트지를 통과시킨다.

» p.62

캐러멜 미니백
Caramel Mini Bag

재료 베이지색 면사 40g, 아이보리색 마사 약간, 단추 1개, 크로스 끈 1m, 가죽 라벨 1개

바늘 2.5mm 대바늘, 코바늘 3/0호

사이즈 가로 12cm×세로 16cm

게이지 10cm² 메리야스뜨기 28코×39단

만드는 법

1 2.5mm 대바늘로 베이지색 면사를 34코 잡아 4단 가터뜨기, 116단 메리야스뜨기 한 뒤 다시 4단 가터뜨기한다.

2 1의 캐러멜 미니백은 코막음을 한 뒤 옆선을 돗바늘로 꿰맨다.

3 코바늘 3/0호와 아이보리색 마사를 사용해 미니백을 장식할 모티브를 뜬 뒤 적당한 위치에 놓고 돗바늘로 홈질하듯 꿰맨다.

4 코바늘 3/0호와 베이지색 면사를 사용해 사슬코 12코를 떠 고리를 만든 뒤 미니백 앞판의 위쪽 안에 달아준다. 단추는 뒤판 겉에 달아 잠글 수 있게 마무리한다.

5 크로스 끈을 주머니 양 옆 끝에 달아 완성한다.

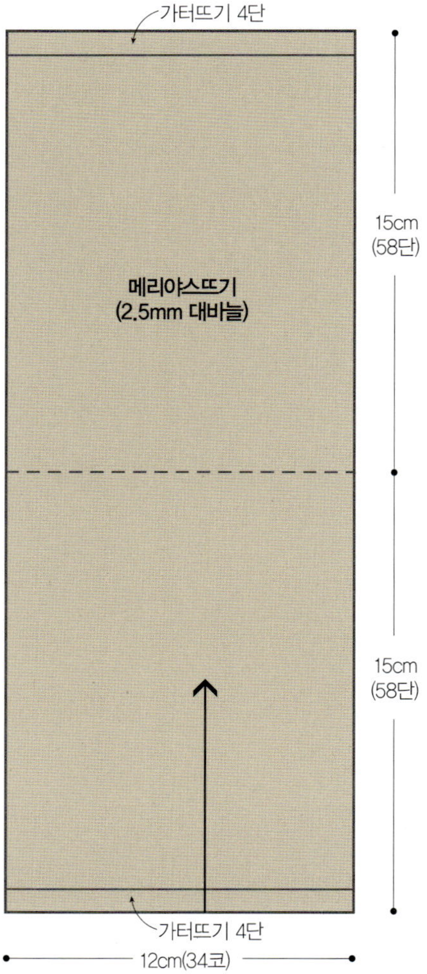

★ 모티브 – 코바늘 3/0호

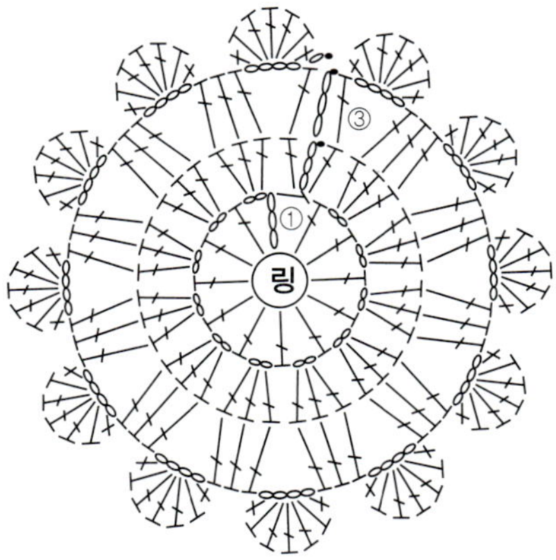

Detail
메리야스뜨기로 주머니를 만들 때는 가는 바늘을 사용해 촘촘하게 떠야 조직감이 단단해요.

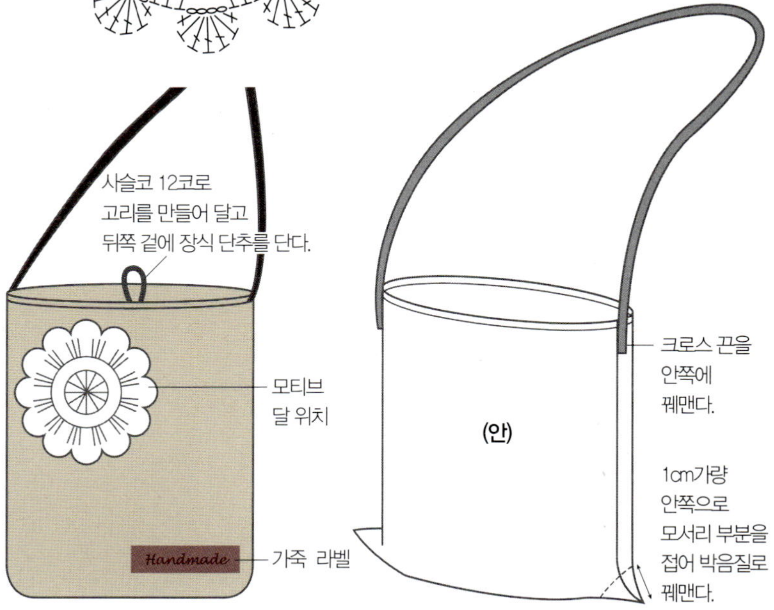

가터뜨기 4단

15cm
(58단)

메리야스뜨기
(2.5mm 대바늘)

15cm
(58단)

가터뜨기 4단

12cm(34코)

링

①
②
③

사슬코 12코로
고리를 만들어 달고
뒤쪽 겉에 장식 단추를 단다.

모티브
달 위치

Handmade

가죽 라벨

(안)

크로스 끈을
안쪽에
꿰맨다.

1cm가량
안쪽으로
모서리 부분을
접어 박음질로
꿰맨다.

» p.62

블랙 미니백
Black Mini Bag

재료
검은색 레이온사 40g, 아이보리색 마사 약간, 자석 스냅단추 1쌍, 가죽 라벨 1개
바늘 코바늘 3/0호
사이즈 가로 12cm×세로 16cm
게이지 10㎠ 짧은뜨기 24코×25단

만드는 법

1 코바늘 3/0호에 검은색 레이온사를 걸고 사슬코 24코를 잡아 원형으로 뜬다.

2 4단까지 짧은뜨기로 바닥 부분을 뜬다.

3 37단을 짧은뜨기로 떠 측면을 만들고 끝의 2단을 빼뜨기로 돌린다.

4 주머니 앞판 중앙 위치에서 7코를 주워 11단을 떠 덮개 끈을 만든다.

5 코바늘 3/0호로 아이보리색 마사를 잡고 꽃 모티브를 떠 주머니 앞판의 적당한 위치에 꿰맨다.

6 덮개 끈 위치에 자석 스냅단추를 꿰매 단다.

7 검은색 레이온사를 약 27cm 길이로 사슬뜨기해 끈을 만든 뒤 가방 양 옆에 단다.

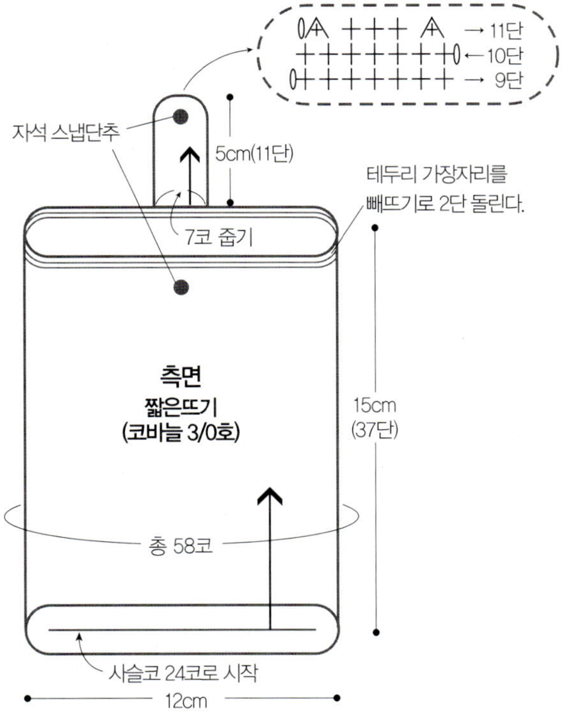

★ **바닥 뜨는 법**

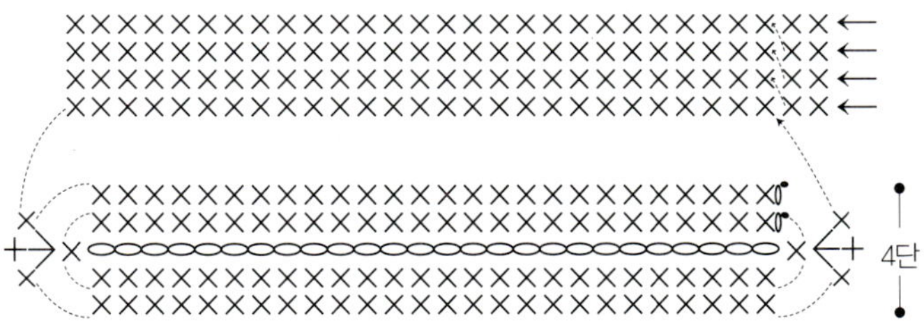

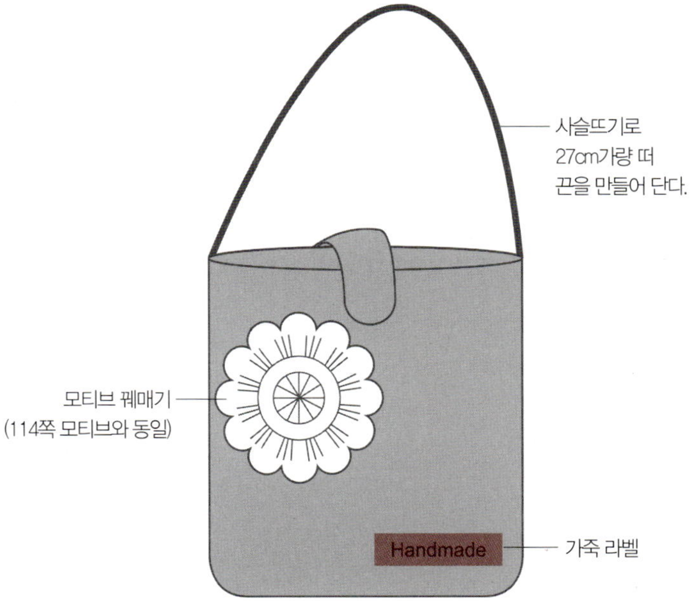

자석 스냅단추

5cm(11단)

7코 줍기

테두리 가장자리를
빼뜨기로 2단 돌린다.

측면
짧은뜨기
(코바늘 3/0호)

15cm
(37단)

총 58코

사슬코 24코로 시작

12cm

사슬뜨기로
27cm가량 떠
끈을 만들어 단다.

모티브 꿰매기
(114쪽 모티브와 동일)

Handmade

가죽 라벨

115

» p.63

버블버블 키홀더
Bubble-Bubble Key Ring

재료

색색의 수실 약간씩, 실뭉치 약간, 금색 메탈릭 수실·금색 스팽글 약간씩, 투명 고무줄 약간, 별 모양 와펜, 키홀더 고리

바늘 코바늘 0호, 코바늘 3/0호

만드는 법

1 코바늘 0호와 색색의 수실을 사용해 작은 볼 12개를 뜬다.

2 볼 안에 실뭉치를 넣고 오므린다.

3 투명 고무줄에 색색의 볼을 꿰어 팔찌 모양으로 만든다.

4 코바늘 3/0호와 금색 메탈릭 수실을 사용해 플랫 슈즈 모양으로 뜨고 그 위에 스팽글과 별 모양 와펜을 붙여 장식한다.

5 키홀더 고리에 플랫슈즈와 원으로 연결해 놓은 볼을 달아 완성한다.

★ **구슬 뜨기**(색색으로 12개) – 코바늘 0호

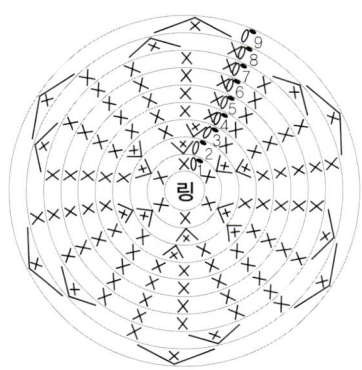

단수	증감코	전체콧수
9	−6코	6코
8	−6코	12코
7	증감 없음	18코
6	〃	18코
5	〃	18코
4	증감 없음	18코
3	+6코	18코
2	+6코	12코
1	원을 만들어 6코로 시작	

★ **신발 뜨기**(금색 메탈릭 수실 2겹) – 코바늘 0호

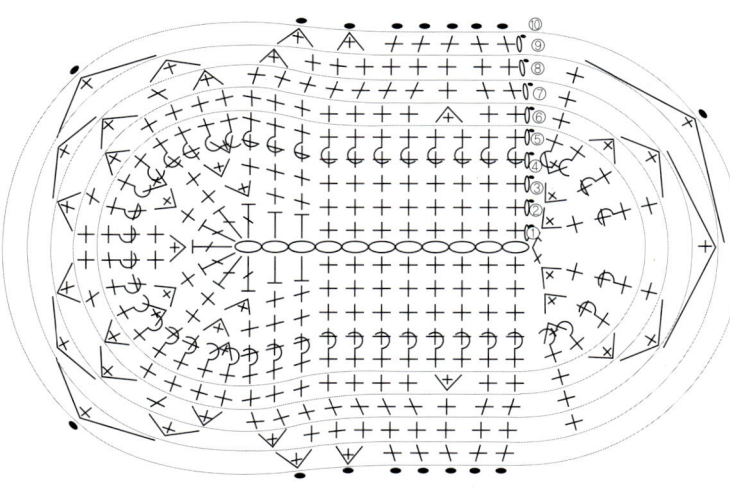

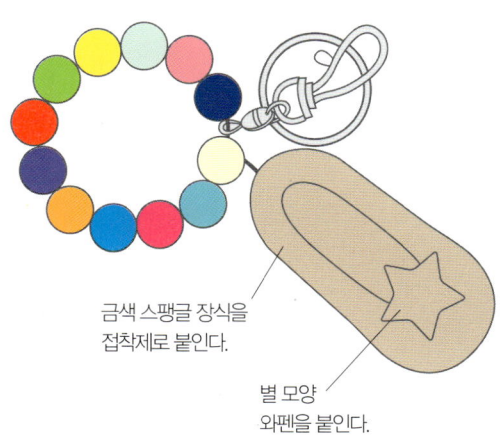

금색 스팽글 장식을
접착제로 붙인다.

별 모양
와펜을 붙인다.

» p.64

포인트
미니 크로스백
Point Mini Cross Bag

재료 베이지색 면사 20g, 진한 초록색·진한 핑크색 면사 20g씩, 아이보리색 마사 약간, 장식 단추 1개, 색색의 나무구슬 3개, 크로스 끈 1m

바늘 2.5mm 대바늘, 코바늘 3/0호

사이즈 가로 12cm×세로 16cm

게이지 10cm² 메리야스뜨기 28코×39단

만드는 법

1 2.5mm 대바늘을 이용해 진한 초록색, 진한 핑크색 면사를 34코 잡아 가터뜨기 4단, 메리야스뜨기 66단을 뜬다.

2 베이지색 실로 바꿔 50단을 더 뜨고 4단을 가터뜨기한다.

3 2의 뜨개물을 코막음한 뒤 옆선을 돗바늘로 꿰맨다.

4 베이지색 면사는 코바늘 3/0호로 모티브를 떠 주머니 앞판 적당한 위치에 꿰매 단다.

5 베이지색 면사로 12코를 떠 고리를 만든 뒤 미니백 앞판의 위쪽 안에 달아주고 단추는 뒤판 안에 달아 잠글 수 있게 한다.

6 크로스 끈 한쪽은 가방 안쪽에 꿰매고 반대쪽은 끝에 색색의 구슬을 꿰어 매듭지은 뒤 주머니 겉에 달아 완성한다.

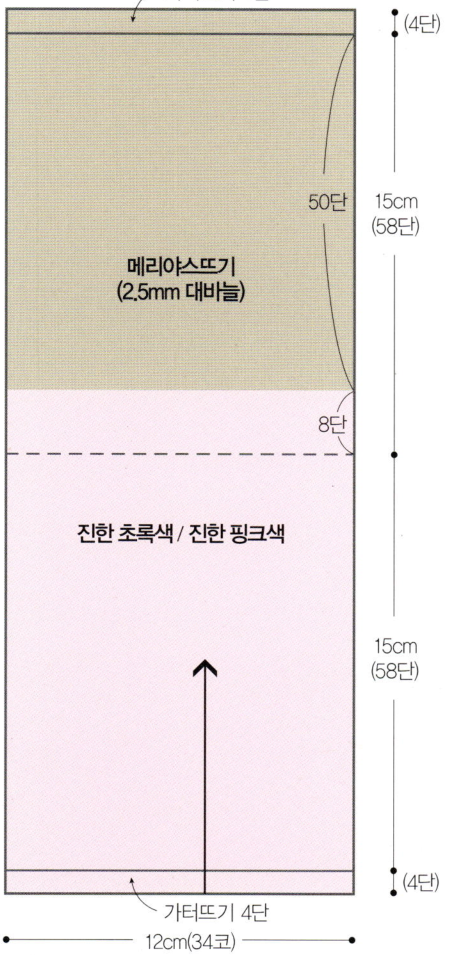

가터뜨기 4단

(4단)

50단

15cm
(58단)

메리야스뜨기
(2.5mm 대바늘)

8단

진한 초록색 / 진한 핑크색

15cm
(58단)

(4단)

가터뜨기 4단

12cm(34코)

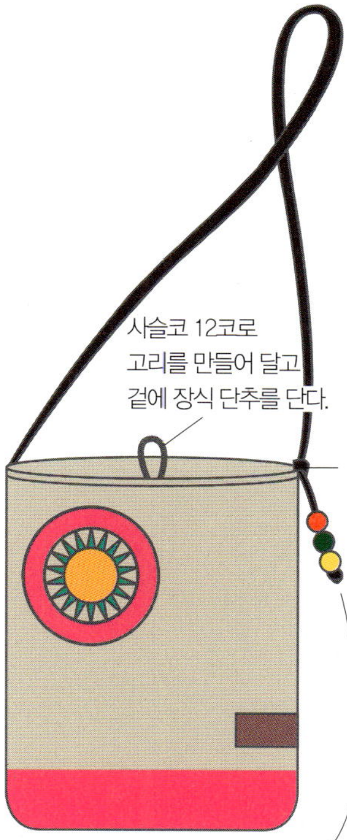

★ **모티브 – 코바늘 3/0호**

링

①
②
③

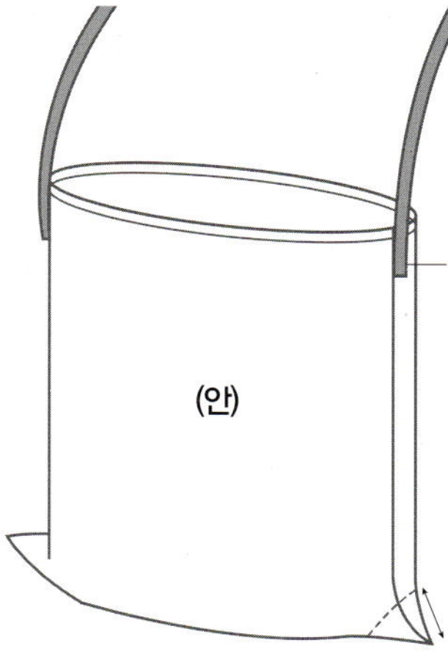

사슬코 12코로
고리를 만들어 달고
겉에 장식 단추를 단다.

끈 반대쪽 끝에 구슬을 끼운 뒤
매듭짓고 다시 한 번 묶어 옆에 단다.

(안)

크로스 끈은
가방 한쪽 면
안에 꿰맨다.

1cm가량
안쪽으로
모서리 부분을
접어 박음질로
꿰맨다.

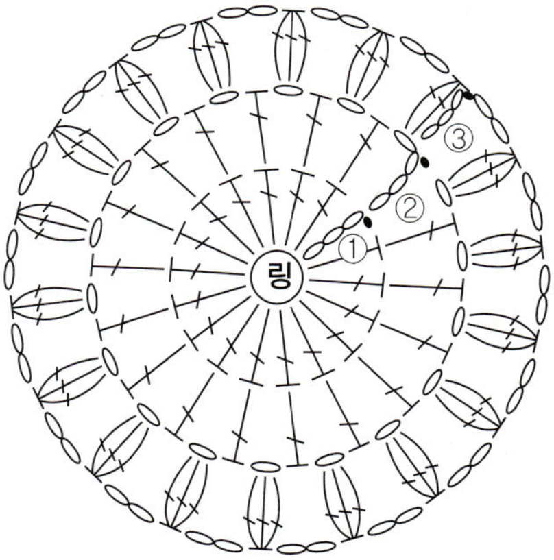

체리 펜슬 케이스
Cherry Pencil Case

재료
다크 하늘색 면사 80g, 빨간색 면사 30g, 지퍼(길이 20cm) 1개
바늘 코바늘 4/0호
사이즈 지름 9cm, 길이 20cm

만드는 법

1 다크 하늘색과 빨간색 실을 코바늘 4/0호로 잡아 모티브 2장을 뜬다.

2 코바늘 4/0호로 다크 하늘색 실 2겹을 44코로 잡은 뒤 짧은뜨기 54단을 뜬다.

3 펜슬 케이스 아래, 윗줄을 빨간색 실로 1단씩 짧은뜨기한다.

4 모티브의 원 둘레와 케이스 몸판의 옆선 부분을 닿게 놓고 시침핀으로 고정한 뒤 빨간색 실 1겹으로 짧은뜨기하며 연결한다.

5 체리 모양의 장식을 떠 케이스 가운데에 달고 입구 부분에 지퍼를 달아 완성한다.

★ 모티브(실 1겹, 2장) – 코바늘 4/0호

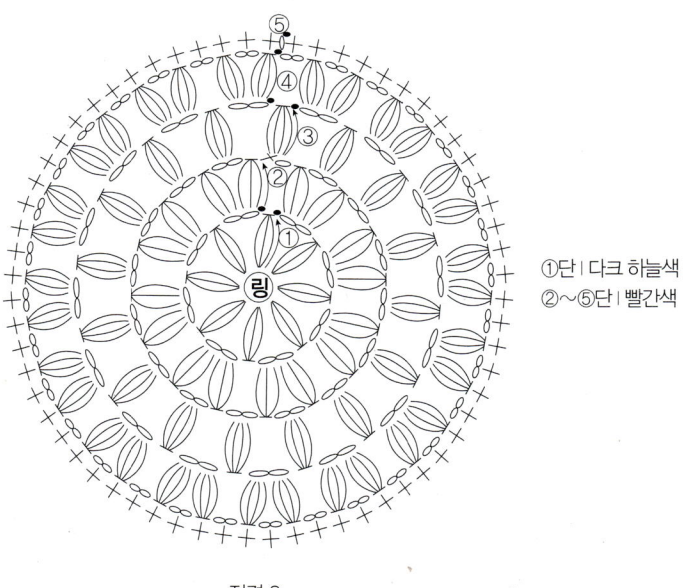

①단 | 다크 하늘색
②~⑤단 | 빨간색

직경 8cm

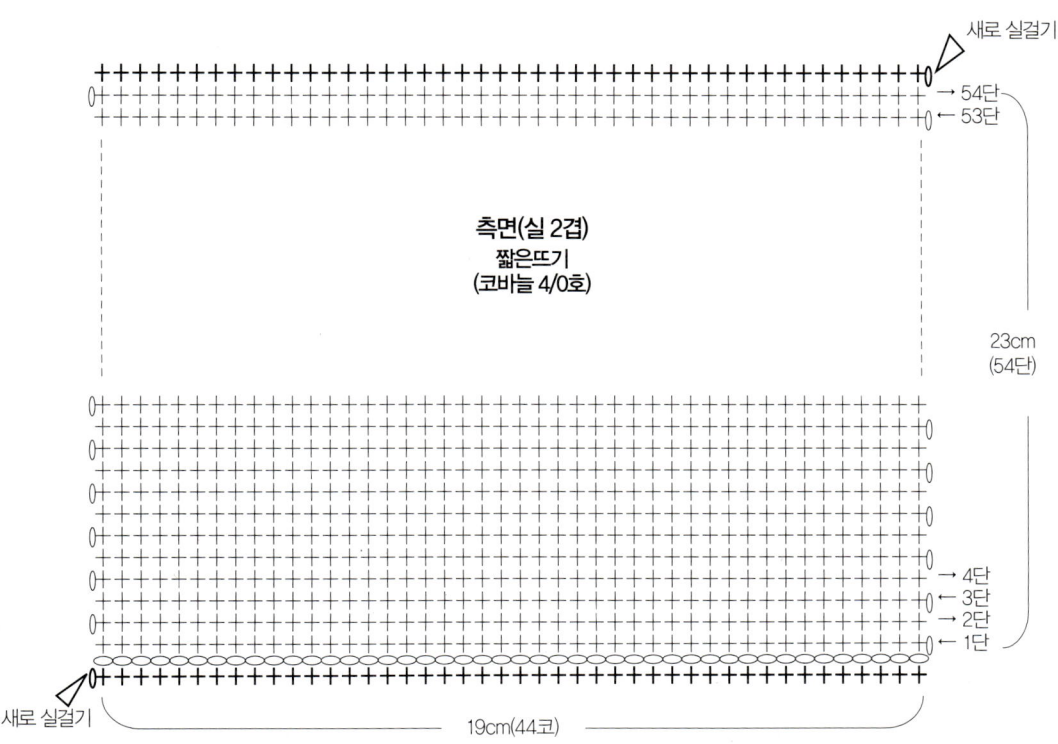

새로 실걸기

→ 54단
→ 53단

측면(실 2겹)
짧은뜨기
(코바늘 4/0호)

23cm
(54단)

→ 4단
← 3단
← 2단
← 1단

새로 실걸기

19cm(44코)

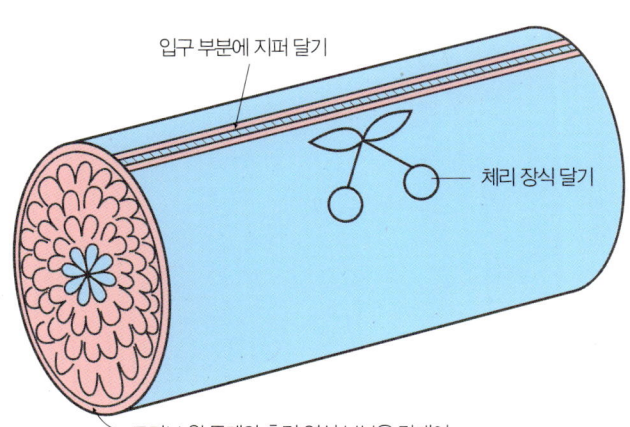

입구 부분에 지퍼 달기

체리 장식 달기

모티브 원 둘레와 측면 옆선 부분을 맞대어
시침핀으로 고정한 뒤
실 1겹으로 짧은뜨기해 연결한다.

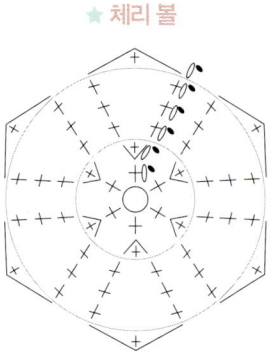

★ 체리 볼

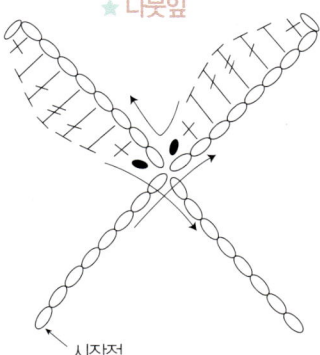

★ 나뭇잎

시작점

119

» p.66

내 친구 테디
My Friend, Teddy

재료

인디 핑크색·다크 민트색·청록색·진한 초록색·연한 보라색·진한 보라색·갈색·진한 갈색·회색·벽돌색 야크사 30g씩, 인조 가죽 약간, 나무단추(눈용) 2개, 나무단추(연결용) 4개, 리본 약간, 방울솜 적당량

바늘 코바늘 5/0호, 3mm 대바늘

사이즈 가로 20cm×세로 26cm

만드는 법

1 다양한 색의 실을 3mm 대바늘로 잡아 각각의 부위에 맞는 무늬뜨기로 뜬다.

2 팔, 다리, 발바닥 조각들은 각각 안면끼리 마주 닿게 대고 창구멍을 남긴 채 잔홈질로 연결한다.

3 연결한 팔, 다리, 얼굴 부위는 속에 방울솜을 적당히 넣고 창구멍을 막는다.

4 얼굴 속에 펠트지를 오려 넣은 뒤 방울솜을 채워 넣고 뜨개물이 늘어나는 것을 방지하며 얼굴 모양을 잡는다.

5 몸통 뜨개물 2장은 엉덩이 부분의 다트선을 안으로 집어넣어 꿰맨 뒤 안면끼리 마주 닿게 놓고 잔홈질로 연결해 솜을 채워 넣는다.

6 양쪽 팔과 다리 뜨개물을 몸통의 적당한 위치에 놓고 이을 부분 4곳에 각각 나무단추를 달아 고정한다.

7 인형 얼굴에 귀를 단 뒤 얼굴 전체와 몸통을 감침질해 연결한다.

8 코바늘 5/0호로 모티브 2장을 떠 발바닥 부분에 꿰맨다.

9 얼굴에 단추를 달아 눈을 표시하고 인조 가죽을 삼각형 모양으로 잘라 코 부분에 꿰매 단다. 입 부분은 갈색 실로 스티치하고 리본을 묶어 완성한다.

얼굴(다크 민트색, 인디 핑크색)

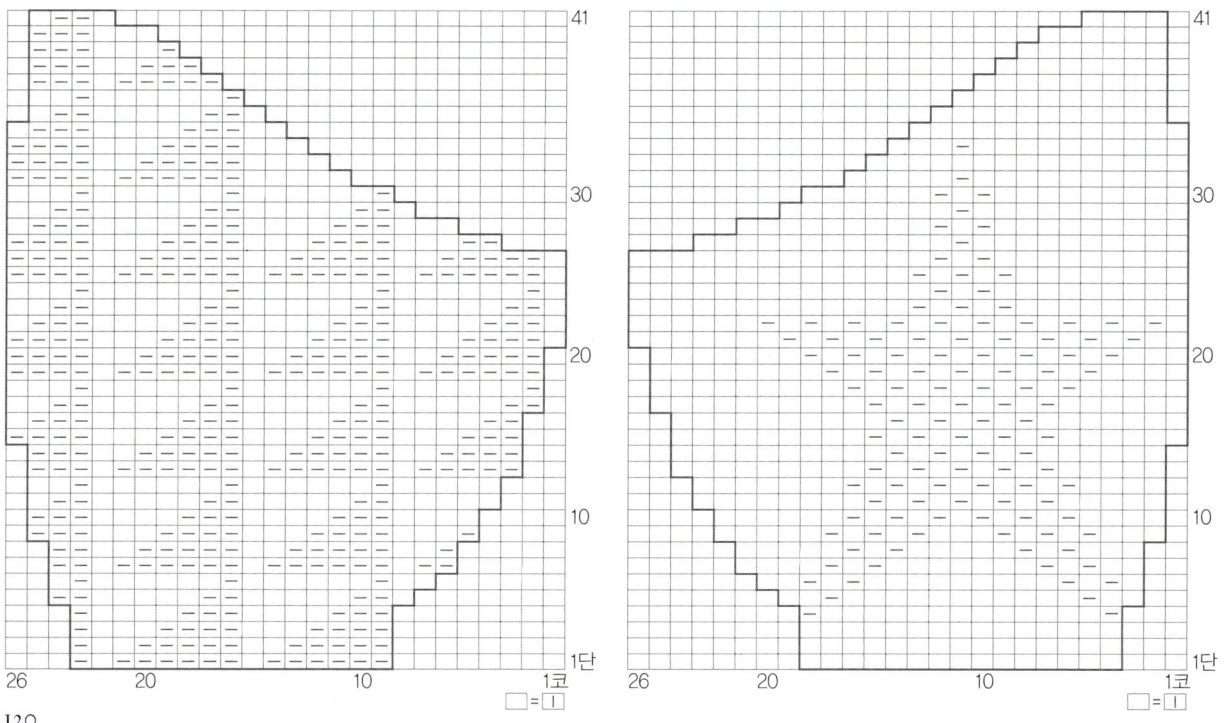

뒷머리(다크 민트색)

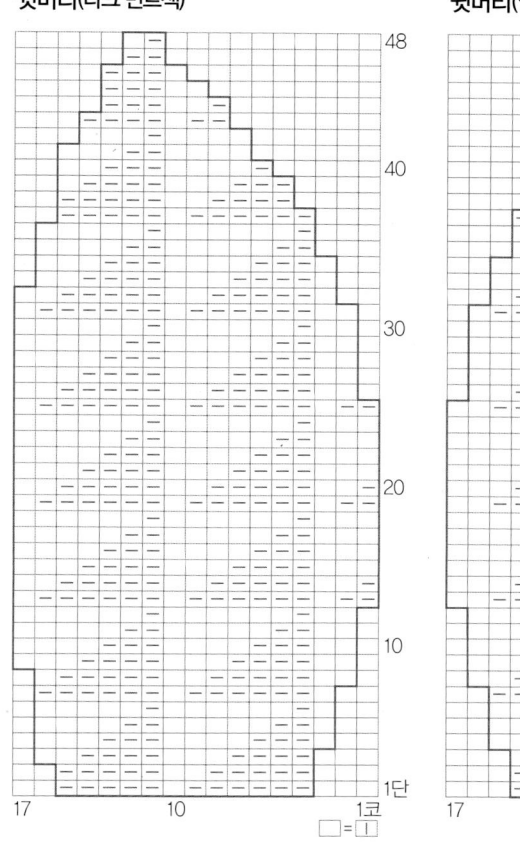

48
40
30
20
10
1단

17   10   1코

뒷머리(연한 보라색)

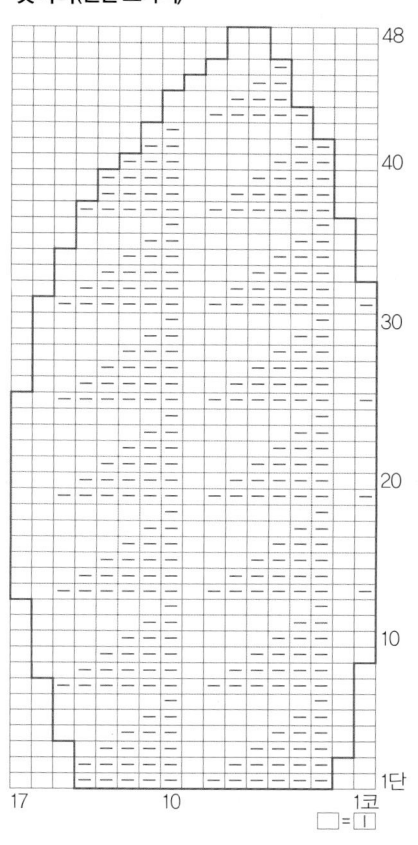

48
40
30
20
10
1단

17   10   1코
□=│I│

이마(갈색)

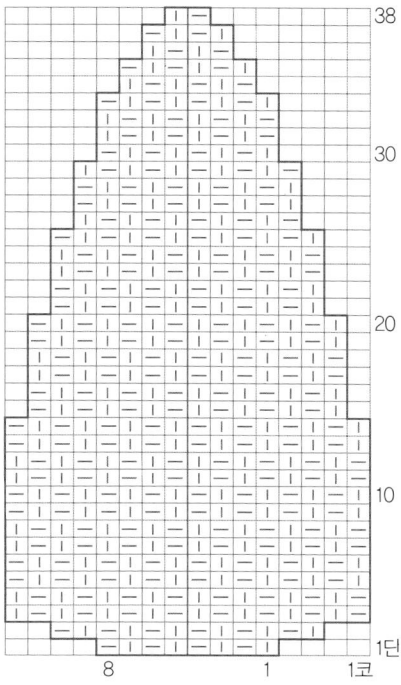

38
30
20
10
1단

8   1   1코

왼쪽 몸통(벽돌색)

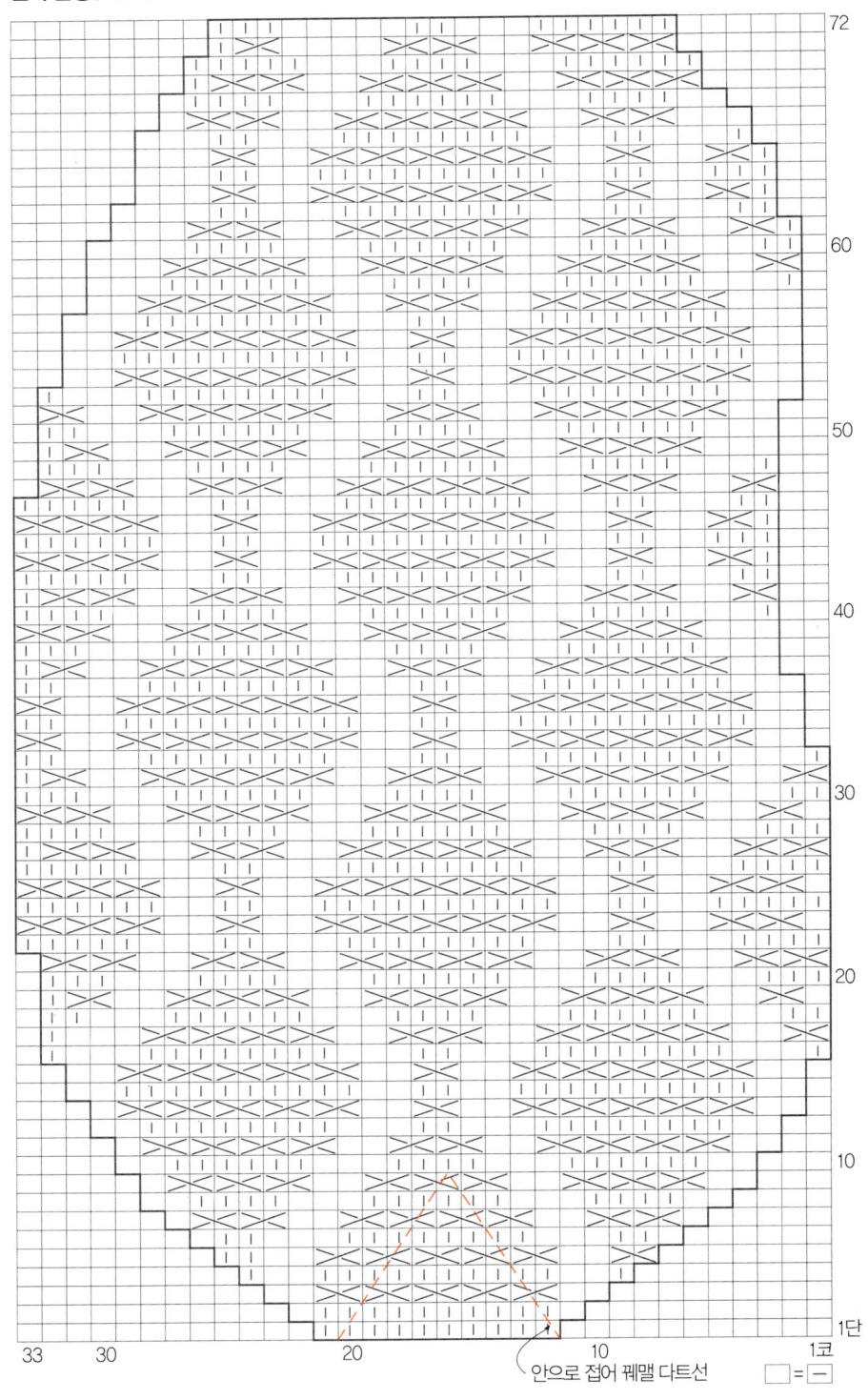

72

60

50

40

30

20

10

1단

33　30　　　　20　　　　10　　　1코

안으로 접어 꿰맬 다트선　□ = ─

오른쪽 몸통(진한 초록색)

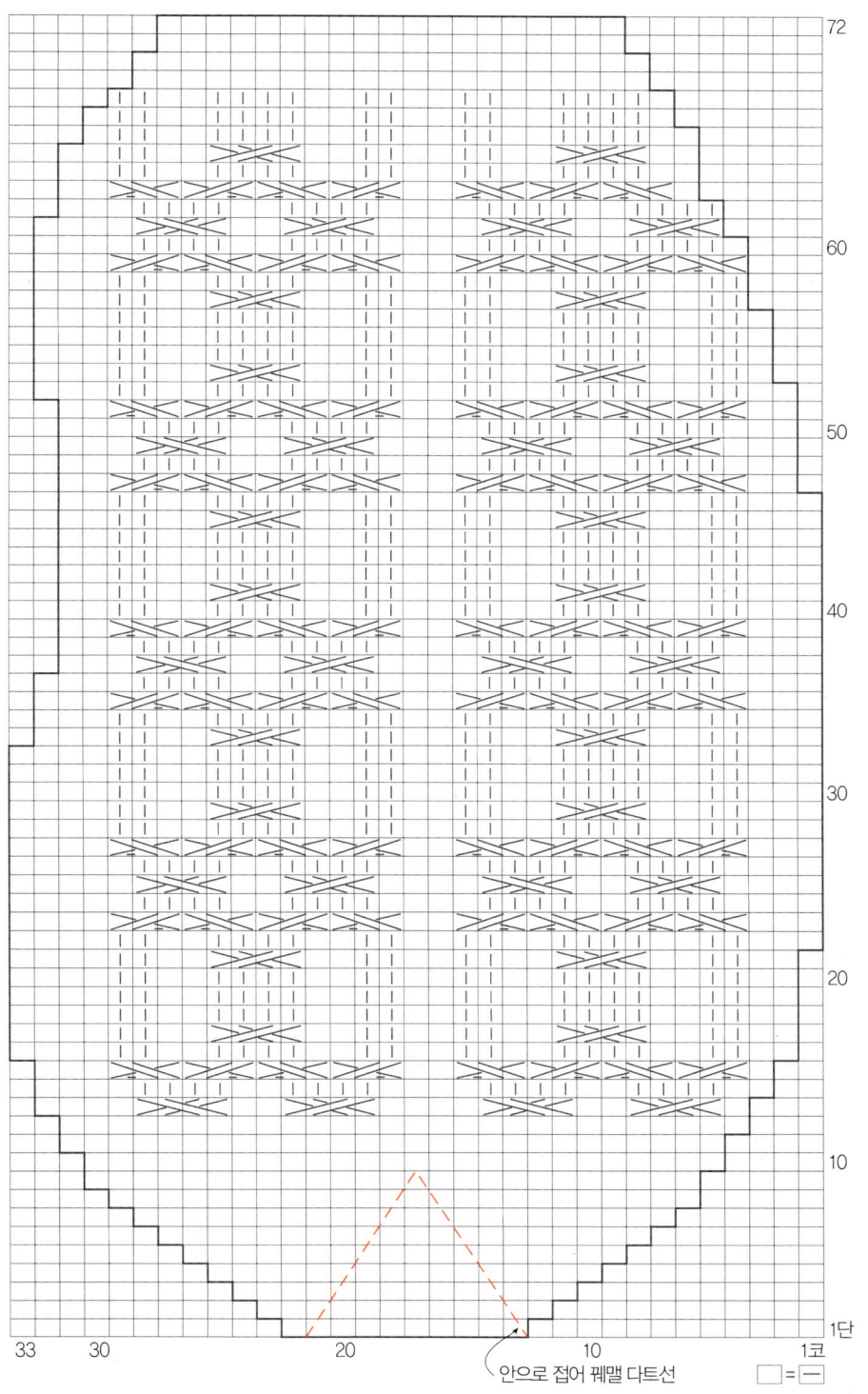

안으로 접어 꿰맬 다트선

□ = —

오른팔(인디 핑크색)

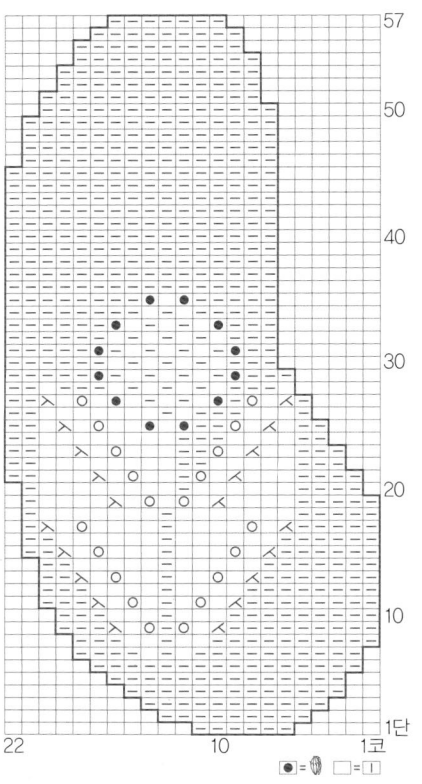

57
50
40
30
20
10
1단

22   10   1코

● = 🎀 □ = ⬚

오른팔(갈색)

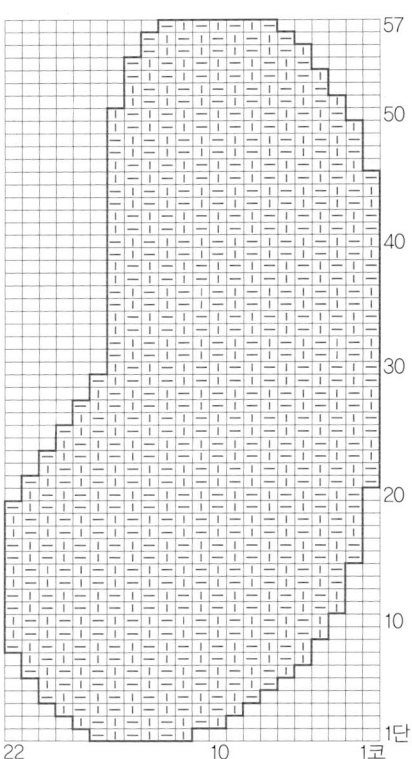

57
50
40
30
20
10
1단

22   10   1코

왼팔(회색)

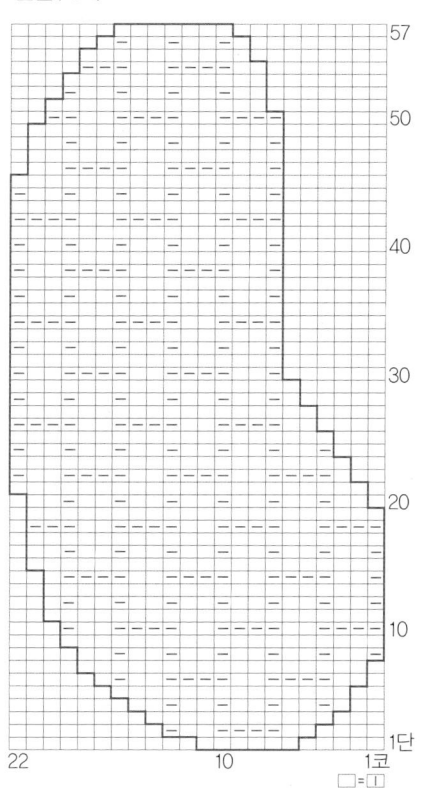

57
50
40
30
20
10
1단

22   10   1코

□ = ⬚

왼팔(청록색)

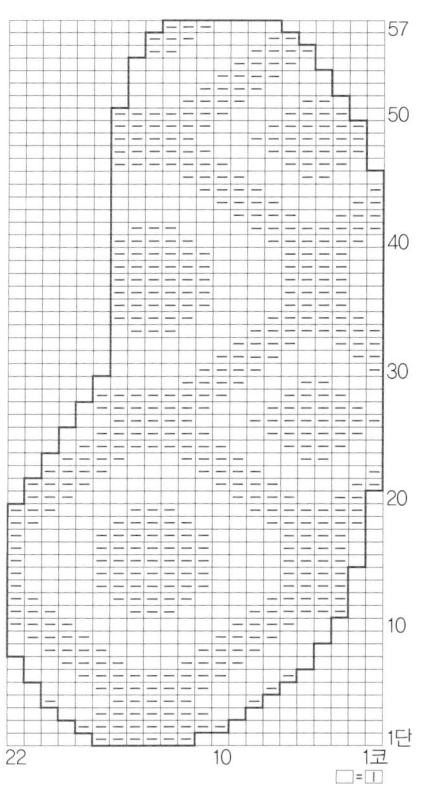

57
50
40
30
20
10
1단

22   10   1코

□ = ⬚

오른쪽 다리(벽돌색)·왼쪽 다리(민트색) – 각 1장씩

오른쪽 다리(연보라)·왼쪽 다리(진보라) – 각 1장씩

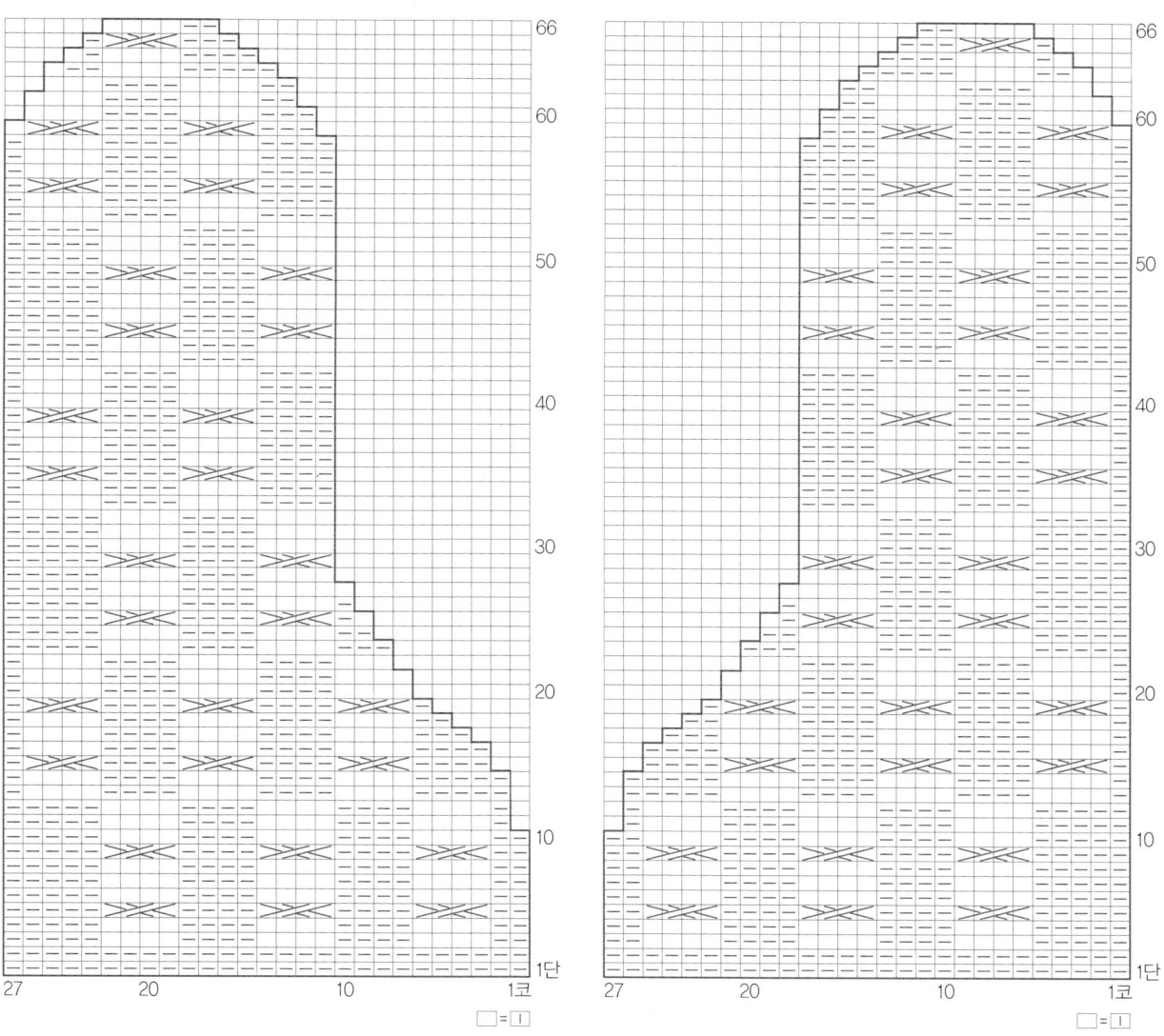

같은 방향의 다리 뜨개물을 색깔, 무늬가 다르게 매치해 연결한다.

귀(진한 갈색·진한 청록색·진한 보라색·벽돌색 각 1장씩)

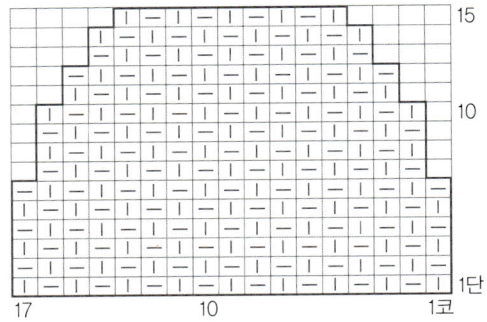

15

10

1단

17   10   1코

발바닥(갈색 2장)

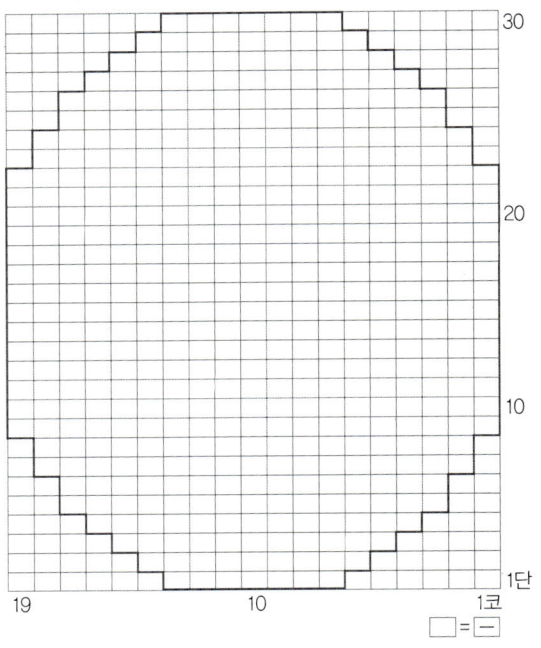

30

20

10

1단

19   10   1코

☐ = ─

★ 발바닥 모티브 – 코바늘 5/0호

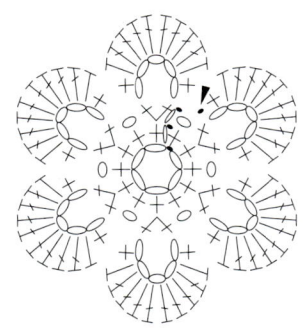

Detail

뜨개물 인형은 천으로 만든 인형
보다 신축성이 있어 솜을 너무 많
이 넣으면 오히려 모양 잡기가 힘
들어요. 늘어나지 않을 정도로 적
당히 넣어요.

나무단추 달기

인조 가죽

실 2겹으로 스티치

리본 묶어주기

팔과 다리를
몸통에 연결할 때
나무단추를 달아
튼튼하게 한다.

모티브 꿰매기

손뜨개 에코백
Hand Knit ECO Bag

재료

베이지 마사 800g, 안감용 퀼트 천 2마, 자석 스냅단추 1쌍

바늘 코바늘 5/0호

사이즈 **가방** 가로 22cm×세로 40cm, **모티브** 지름 6.5cm

게이지 10㎠ 짧은뜨기 20코×24단

만드는 법

1 코바늘 5/0호로 베이지색 마사 2겹을 잡아 원형으로 7코를 만들고 26단까지 7코씩 늘려가며 짧은뜨기로 떠 원형 바닥을 만든다.

2 27단은 뒤걸어뜨기해 바닥과 측면의 경계를 만들고 도안대로 적당히 코를 늘려가며 22단을 더 뜬다.

3 코바늘 5/0호로 지름 6.5cm 크기의 모티브 28장을 떠 빼뜨기로 연결하며 뜬다.

4 같은 방법으로 측면과 모티브, 측면 순으로 번갈아가며 92단까지 뜬 뒤 입구 부분을 빼뜨기로 3단 돌린다.

[과정 뒤로 이어짐]

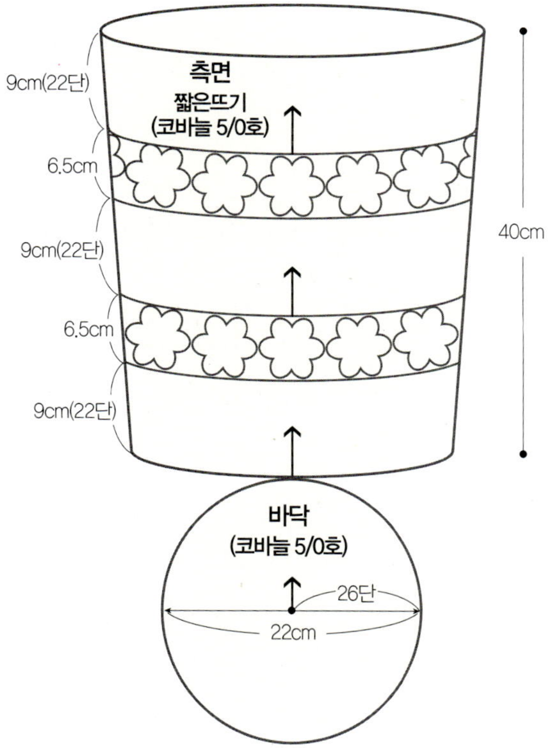

9cm(22단)

측면
짧은뜨기
(코바늘 5/0호)

6.5cm

9cm(22단)

6.5cm

9cm(22단)

40cm

바닥
(코바늘 5/0호)

26단

22cm

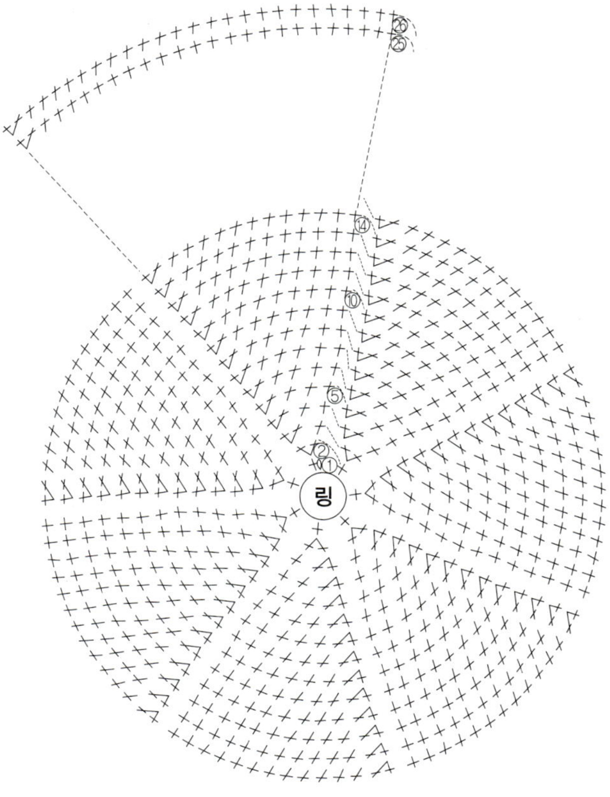

링

단수	증감코	전체콧수
~92단	증감 없음	224코
~70단	증감 없음	224코
48	증감 없음	224코
47	〃	224코
46	〃	224코
45	+7코	224코
44	증감 없음	217코
43	〃	217코
42	+7코	217코
41	증감 없음	210코
40	〃	210코
39	+7코	210코
38	증감 없음	203코
37	〃	203코
36	+7코	203코
35	증감 없음	196코
34	〃	196코
33	+7코	196코
32	증감 없음	189코
31	〃	189코
30	+7코	189코
29	증감 없음	182코
28	증감 없음	182코
27		182코
26	+7코	182코
25	+7코	175코
24	+7코	168코
23	+7코	161코
22	+7코	154코
21	+7코	147코
20	+7코	140코
19	+7코	133코
18	+7코	126코
17	+7코	119코
16	+7코	112코
15	+7코	105코
14	+7코	98코
13	+7코	91코
12	+7코	84코
11	+7코	77코
10	+7코	70코
9	+7코	63코
8	+7코	56코
7	+7코	49코
6	+7코	42코
5	+7코	35코
4	+7코	28코
3	+7코	21코
2	+7코	14코
1	원을 만들어 7코로 시작	

측면

바닥

27 ᄃ (뒤걸어뜨기)

링

링

⊲ : 실 새로 걸기

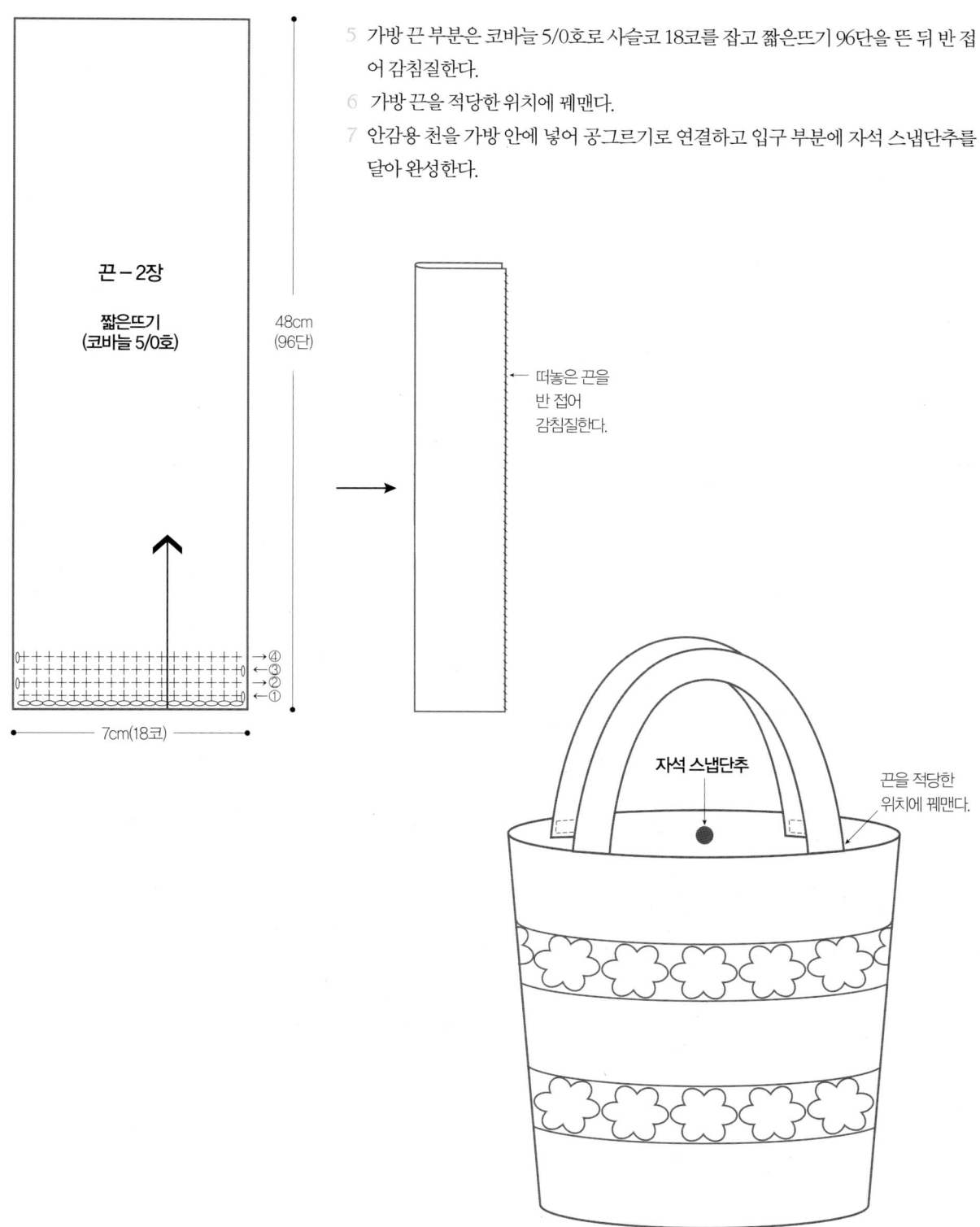

5 가방 끈 부분은 코바늘 5/0호로 사슬코 18코를 잡고 짧은뜨기 96단을 뜬 뒤 반 접어 감침질한다.

6 가방 끈을 적당한 위치에 꿰맨다.

7 안감용 천을 가방 안에 넣어 공그르기로 연결하고 입구 부분에 자석 스냅단추를 달아 완성한다.

끈 - 2장

짧은뜨기
(코바늘 5/0호)

48cm
(96단)

7cm(18코)

→ ④
→ ③
→ ②
→ ①

떠놓은 끈을
반 접어
감침질한다.

자석 스냅단추

끈을 적당한
위치에 꿰맨다.

» p.71

빈티지 빅백
Vintage Big Bag

재료
파란색·빨간색·초록색 데님 코튼 100g씩, 베이지색 데님 코튼 50g, 가죽 끈 2줄, 안감용 퀼트 천 2마,
자석 스냅단추 1쌍

바늘 3.5mm 대바늘

사이즈 가로 44cm×세로 50cm

게이지 10㎠ 무늬뜨기 28코×35단

만드는 법

1 색색의 실을 3.5mm 대바늘로 잡고 A, B, C, D 부분에 해당하는 무늬뜨기를 한다.

2 떠놓은 패치 조각을 도안대로 배열해 놓고 돗바늘로 꿰매 가방 앞, 뒤판을 만든다.

3 가방 앞, 뒤판의 양쪽 옆선과 바닥을 돗바늘로 꿰맨 뒤 안감용 천을 넣어 박는다.

4 입구의 적당한 위치에 가죽 가방 끈을 꿰매 달고 안쪽 위에 자석 스냅단추를 달아
마무리한다.

자석 스냅단추

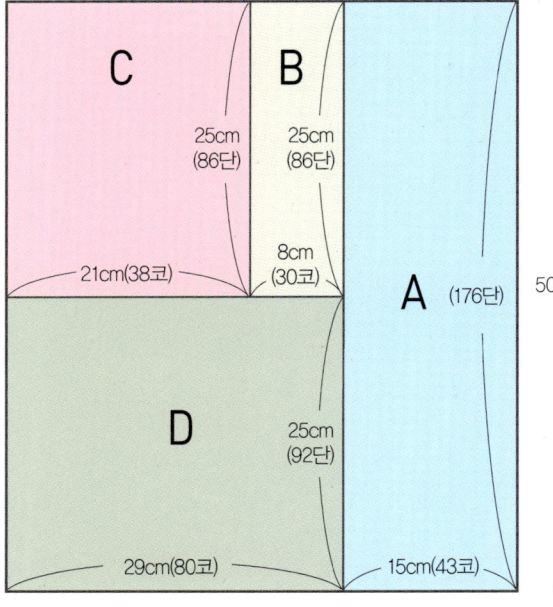

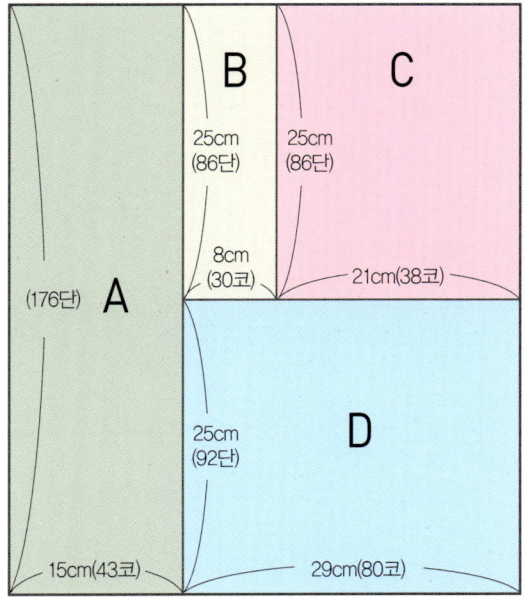

★ 무늬뜨기 A

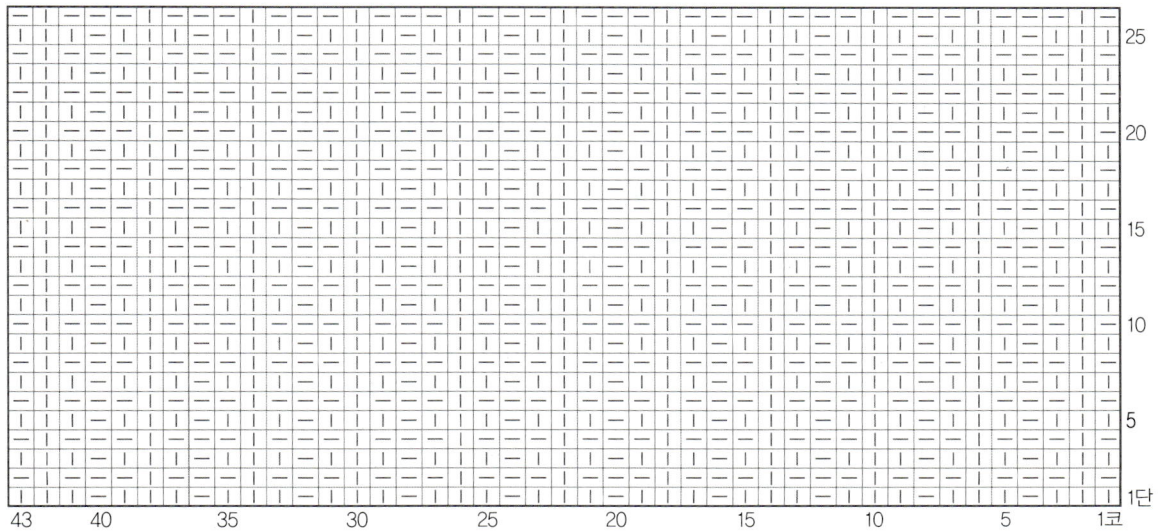

25
20
15
10
5
1단

43   40   35   30   25   20   15   10   5   1코

★ 무늬뜨기 B

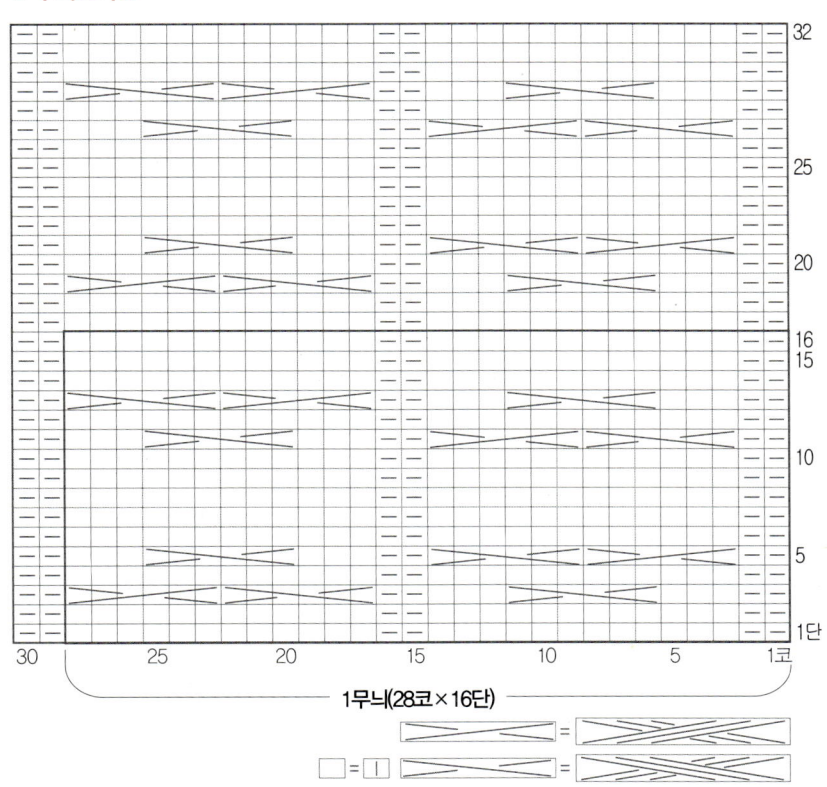

32
25
20
16
15
10
5
1단

30   25   20   15   10   5   1코

1무늬(28코×16단)

★ 무늬뜨기 C

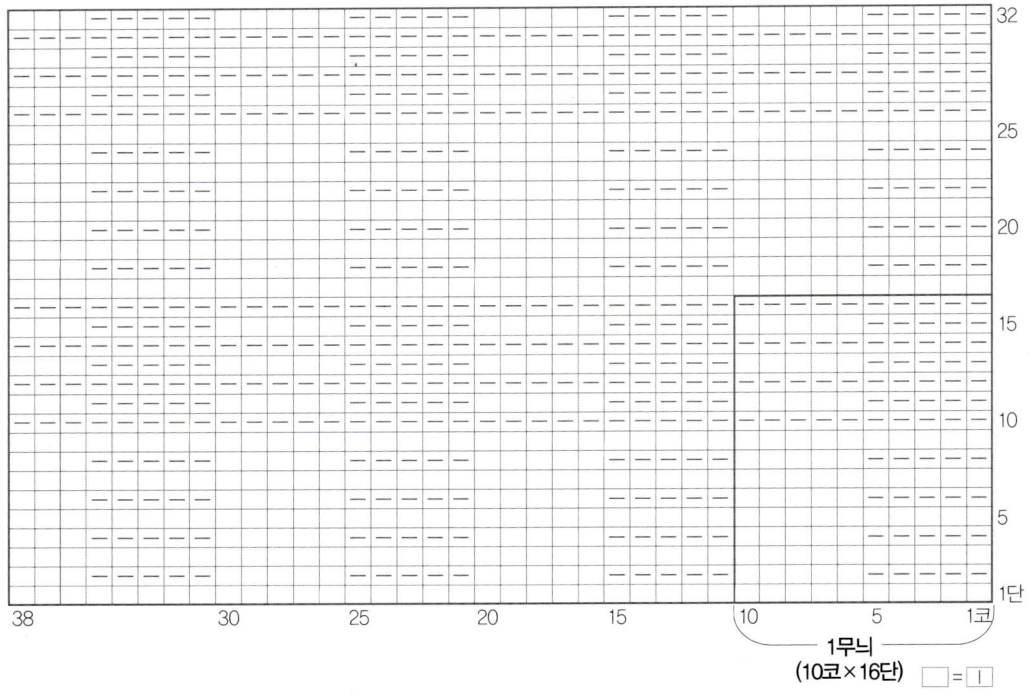

1무늬
(10코×16단)
□ = □

★ 무늬뜨기 D

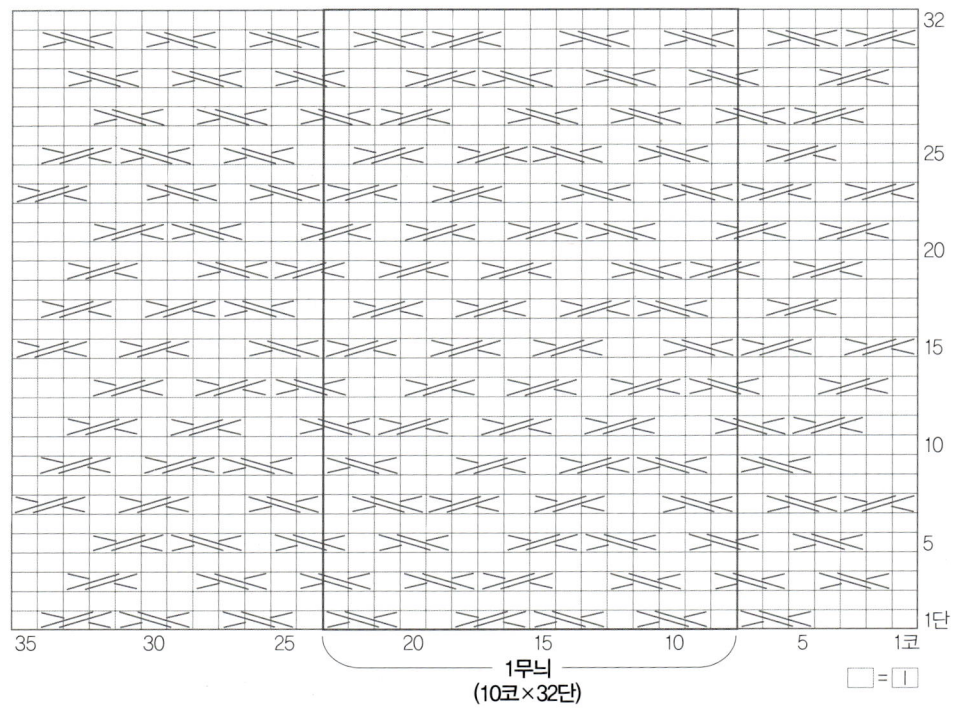

1무늬
(10코×32단)
□ = □

그린 쇼퍼백
Green.Shopper Bag

초록색 마끈 600g, 주황색·파랑색 마끈 약간, 가죽 끈 2줄, 안감용 퀼트 천 1장
바늘 코바늘 4/0호
게이지 10㎠ 짧은뜨기 20코×25단

만드는 법

1 코바늘 4/0호로 초록색 마끈을 66코 잡아 짧은뜨기 38단을 떠 바닥을 만든다.

2 바닥 면 둘레를 원형으로 돌려가며 1단을 걸어뜨기한 뒤 짧은뜨기로 75단 더 떠서 측면을 만든다.

3 가방 입구 부분에 힘을 싣기 위해 테두리 75단, 74단, 73단 위를 빼뜨기로 3단 돌려 뜬다.

4 주황색 마끈과 파란색 마끈으로 네 귀퉁이의 모티브를 각각 2장씩 떠서 제 위치에 꿰맨다.

5 가방 안감용 천을 사이즈에 맞게 재단해 감칠질로 꿰맨 뒤 손잡이 부분에 가죽 끈을 달아 완성한다.

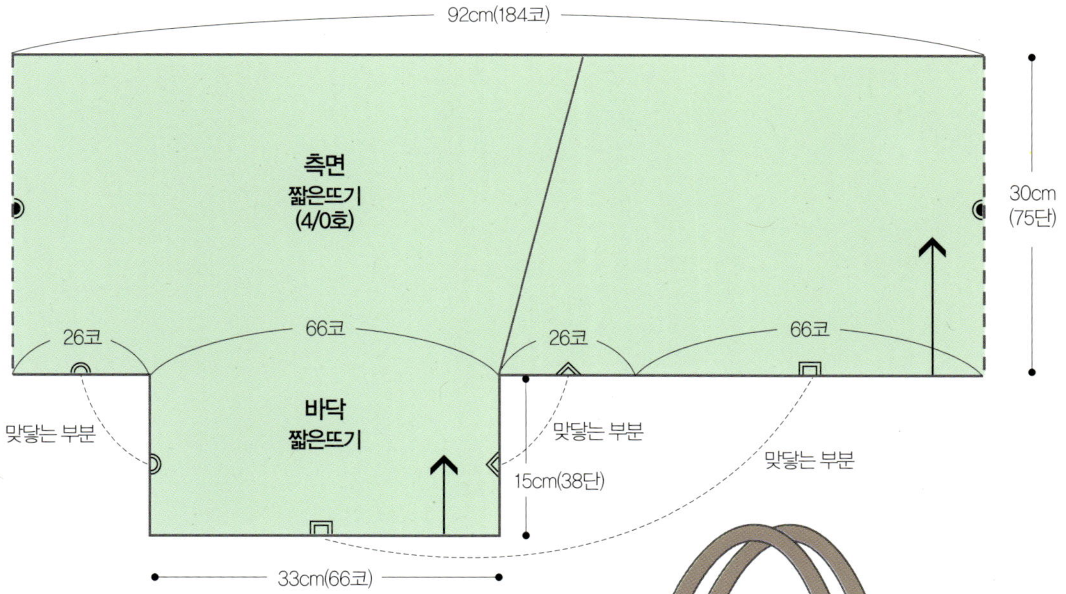

92cm(184코)

측면
짧은뜨기
(4/0호)

30cm
(75단)

26코   66코   26코   66코

바닥
짧은뜨기

맞닿는 부분   맞닿는 부분   맞닿는 부분

15cm(38단)

33cm(66코)

떠놓은 부채 모양의
모티브를 사각 모서리에
홈질로 꿰맨다.

133

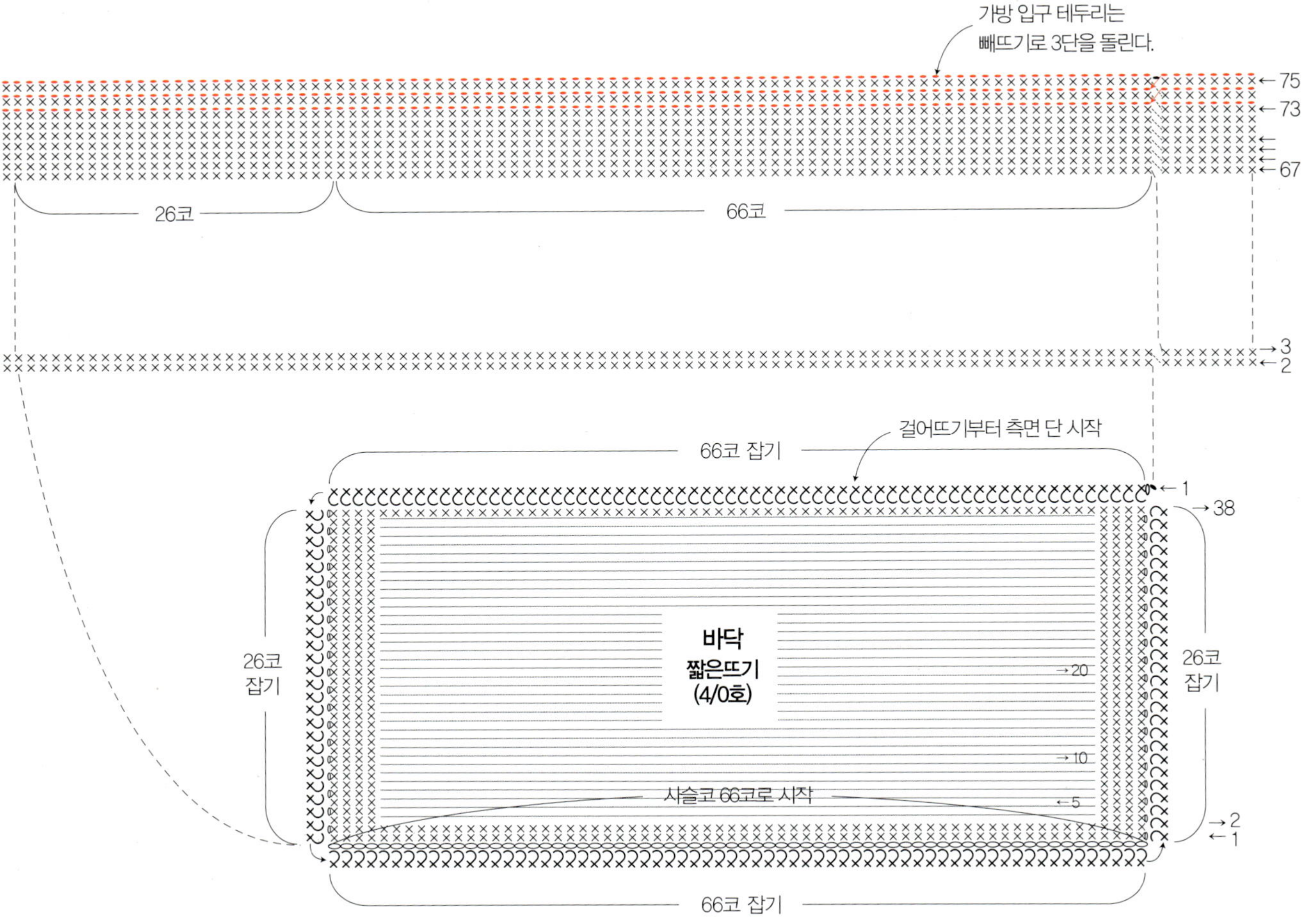

가방 입구 테두리는
빼뜨기로 3단을 돌린다.

← 75
← 73
← 67

26코　　　　66코

← 3
← 2

66코 잡기　　　걸어뜨기부터 측면 단 시작

→ 1
→ 38

26코
잡기

바닥
짧은뜨기
(4/0호)

→ 20

→ 10

← 5

26코
잡기

→ 2
← 1

사슬코 66코로 시작

66코 잡기

★ 모티브(주황색·파랑색 2장씩) – 코바늘 4/0호

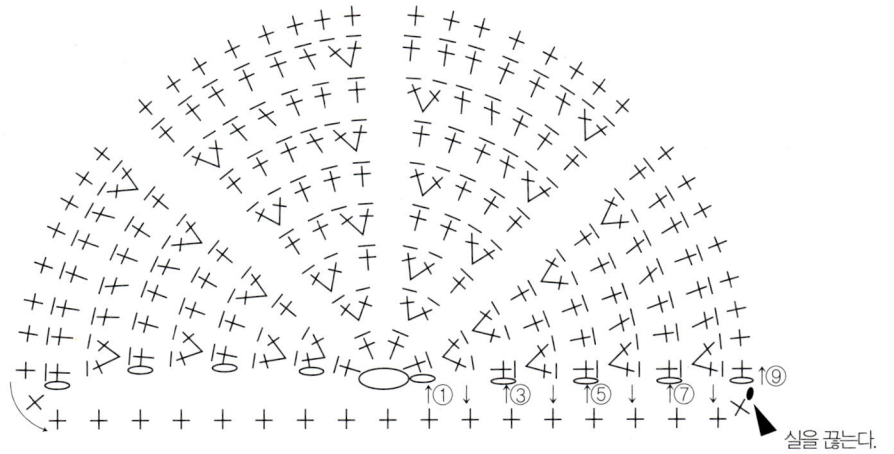

① ↓　⑬ ↓　⑮ ↓　⑰ ↓　⑨ ↑

실을 끊는다.

» p.74

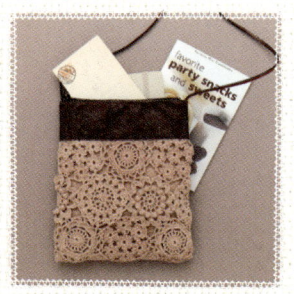

인디핑크 크로스백

Indi Pink Cross Bag

재료

연한 갈색 면사 200g, 갈색 가죽(가로 48cm×세로 6cm) 1장, 지퍼 길이 25cm 1개, 투명 실 약간, 가죽 끈 1m

바늘 코바늘 4/0호, 2.5mm 대바늘

사이즈 **가방** 가로 22cm×세로 26cm, **모티브** 지름 8cm

게이지 10㎠ 메리야스뜨기 32코×40단

만드는 법

1 코바늘 4/0호로 면사를 잡아 모티브 A 6장, B 6장, C 3장, D 3장을 뜬다.

2 떠놓은 모티브를 도안대로 배열하고 각 모티브에 달린 실로 감침질하듯 연결한다.

3 2.5mm 대바늘로 70코를 잡아 메리야스뜨기 200단을 뜬 뒤 반 접어 옆선을 돗바늘로 꿰맨다.

4 3의 뜨개 가방을 2의 모티브 주머니 안에 집어넣고 투명 실로 아래 두 귀퉁이와 윗부분의 입구를 꿰매 고정한다.

5 재단한 가죽을 모 티브 주머니 위쪽에 덧대어 재봉틀로 박음질한다.

6 가방 입구에 지퍼를 달고 양 끝에 가죽 끈을 달아준다.

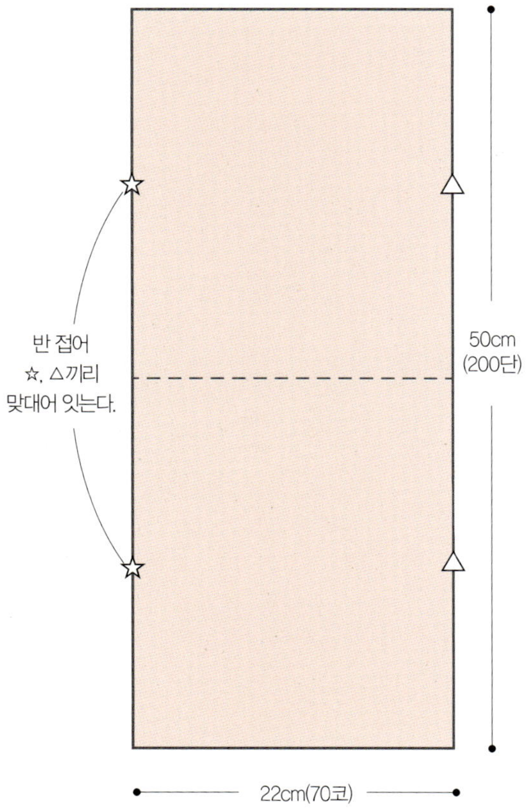
반 접어
☆, △끼리
맞대어 잇는다.
50cm
(200단)
22cm(70코)

★ 가죽 재단

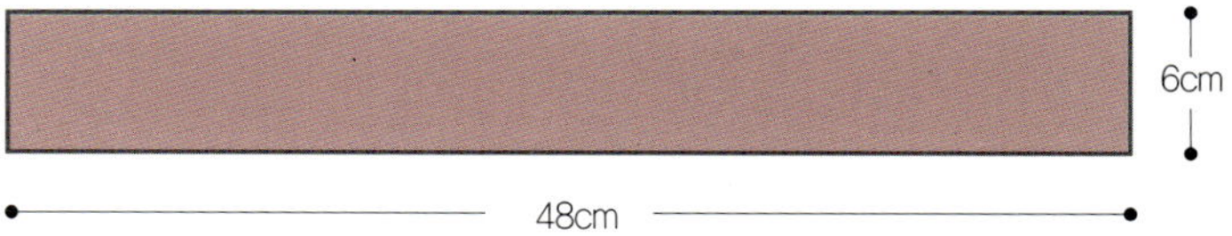
6cm
48cm

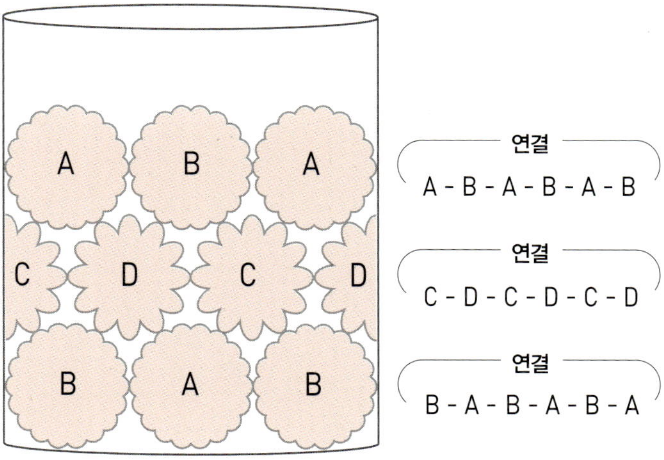
A
B
A
C
D
C
D
B
A
B
연결
A - B - A - B - A - B
연결
C - D - C - D - C - D
연결
B - A - B - A - B - A

• 연결한 모티브 주머니 속에 뜨개 가방을 투명 실로 고정해 꿰맨다.

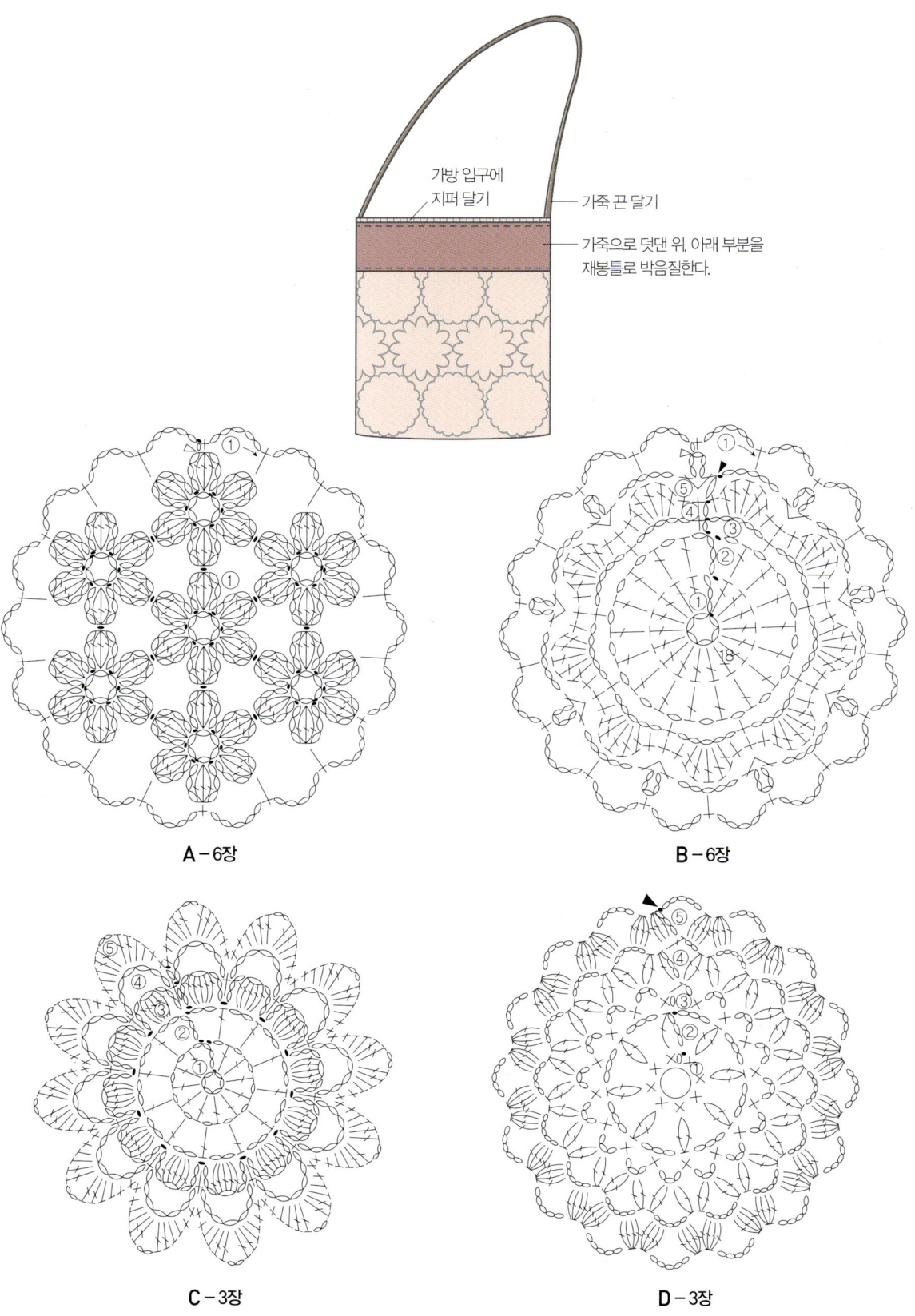

가방 입구에
지퍼 달기

가죽 끈 달기

가죽으로 덧댄 위, 아래 부분을
재봉틀로 박음질한다.

A - 6장

B - 6장

C - 3장

D - 3장

내추럴 레이스백
Natural Lace Bag

» p.76

재료
아이보리색 마사 200g, 안감용 린넨 천 1마, 어깨 끈용 린넨 천(폭 10cm×길이 108cm) 1장
바늘 코바늘 3/0호
사이즈 **가방** 가로 28cm×세로 38cm, **모티브** 사방 9.5cm

만드는 법

1 코바늘 3/0호로 아이보리색 마사를 잡아 사방 9.5cm 크기의 모티브 24장을 연결하며 떠 주머니 모양을 만든다.

2 안감용 린넨 천은 가로 31cm, 세로 79cm로 재단해 2장을 준비한다.

3 2의 천을 겉면끼리 마주 닿게 놓고 위쪽 입구를 제외한 나머지 부분을 시접 1.5cm 안으로 박음질한다.

4 아래쪽 모서리 부분 시접에 가위집을 넣고 뒤집은 뒤 위쪽 입구의 시접을 1.5cm 안으로 접어 공그르기로 꿰맨다.

5 안감용 천은 세로로 반 접고 양쪽 옆선을 공그르기로 꿰맨다.

6 1의 모티브 주머니 속에 5의 안감용 천을 넣고 천과 모티브 주머니 입구 부분의 테두리를 꿰매 서로 연결한다.

7 안감용 천 아래 모퉁이와 모티브 주머니 모퉁이가 따로 놀지 않도록 꿰맨다.

8 어깨 끈용 린넨 천을 재단해 3cm 폭이 되도록 두 번 접어 넣고 박음질한 뒤 가방 양쪽 옆, 안쪽에 박음질해 단다.

9 코바늘 3/0호로 아이보리색 실을 잡아 사슬뜨기와 빼뜨기해 85cm 길이의 조임 끈을 만든 뒤 가방 입구보다 3~4cm 내려온 위치에 넣어 묶는다.

Detail

길게 재단한 안감용 천 2장을 덧대어 박음질한 뒤 다시 반 접으면 천 가방이어도 제법 튼튼하게 완성할 수 있어요

★ **모티브**(24장) – 코바늘 3/0호

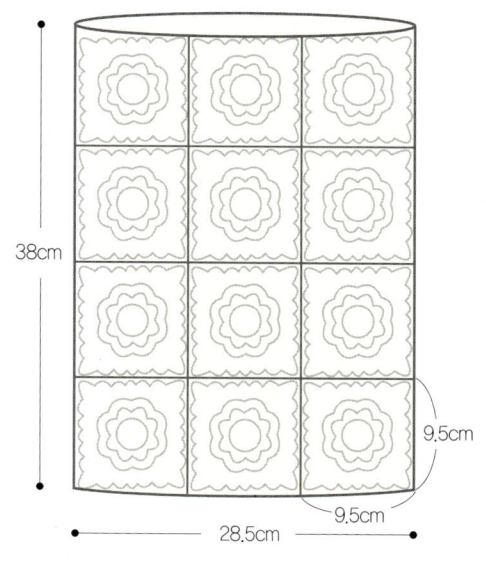

38cm

9.5cm

9.5cm

28.5cm

모티브 24장을 연결해 가방을 만든다.

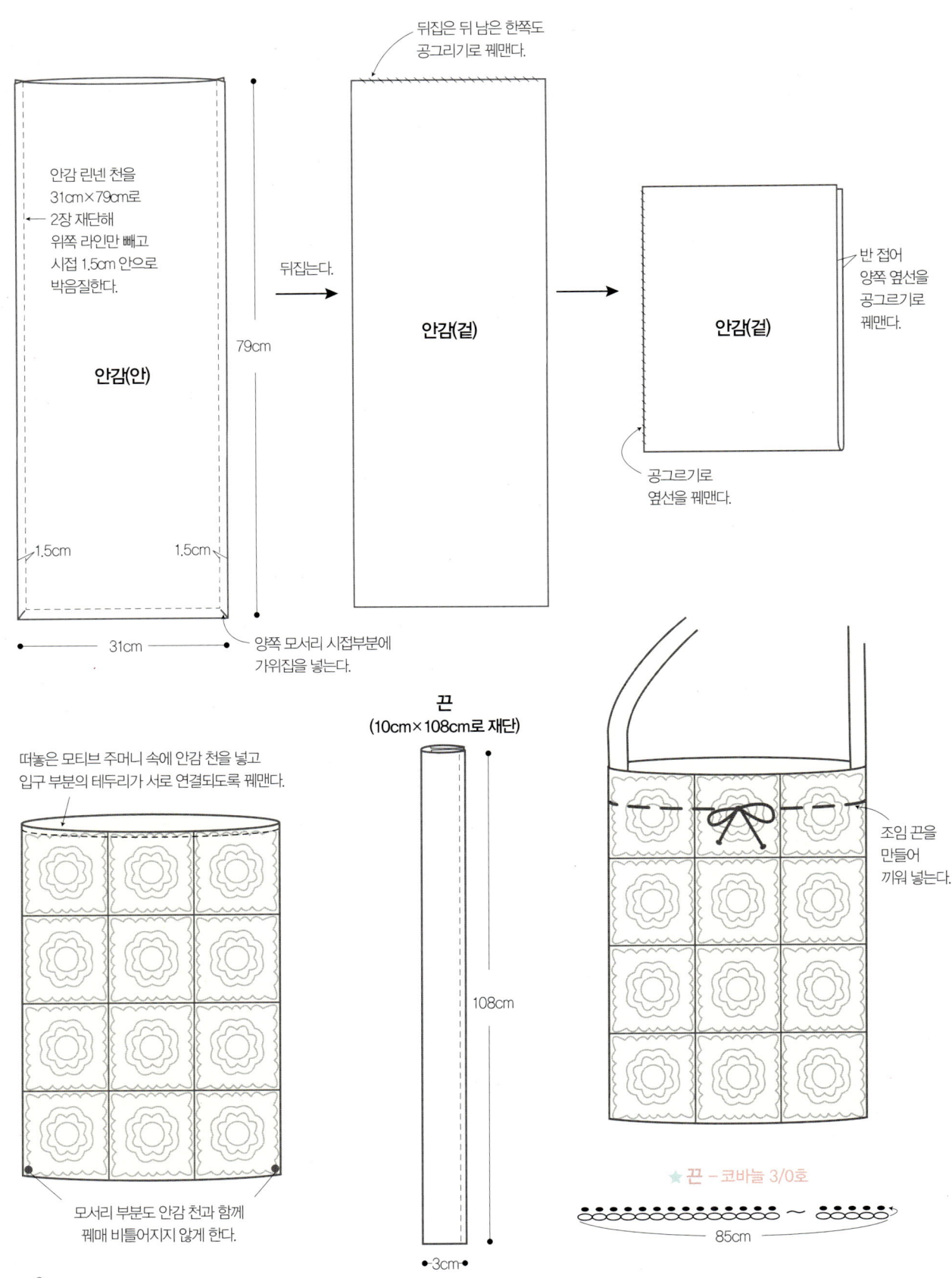

안감 린넨 천을
31cm×79cm로
2장 재단해
위쪽 라인만 빼고
시접 1.5cm 안으로
박음질한다.

79cm

안감(안)

1.5cm   1.5cm

31cm

양쪽 모서리 시접부분에
가위집을 넣는다.

뒤집는다.

뒤집은 뒤 남은 한쪽도
공그리기로 꿰맨다.

안감(겉)

안감(겉)

반 접어
양쪽 옆선을
공그리기로
꿰맨다.

공그리기로
옆선을 꿰맨다.

떠놓은 모티브 주머니 속에 안감 천을 넣고
입구 부분의 테두리가 서로 연결되도록 꿰맨다.

모서리 부분도 안감 천과 함께
꿰매 비틀어지지 않게 한다.

끈
(10cm×108cm로 재단)

108cm

3cm

조임 끈을
만들어
끼워 넣는다.

★ 끈 - 코바늘 3/0호

85cm

» p.78

스몰 플라워
크로스백

Small Flowers Cross Bag

재료

황토색 마사 170g, 네이비색 마사 75g, 자석 스냅단추 1쌍
바늘 코바늘 8/0호, 3mm 대바늘
사이즈 **가방** 가로 28cm×세로 21cm, **모티브** 사방 10cm

만드는 법

1 황토색 마사 2겹과 네이비색 마사 2겹을 도안대로 배색해 사방 10cm가량의 모티브를 뜬다.

2 총 9장의 모티브를 연결하며 떠 가방 모양을 잡는다.

3 가방 입구 부분은 황토색 마사를 이용해 원형으로 짧은뜨기 4단을 돌려 뜬다.

4 크로스백 끈은 3mm 대바늘로 9코를 잡아 꽈배기 무늬뜨기로 떠 약 110cm 길이로 만든다.

5 끈과 자석 스냅단추를 해당 위치에 달아 완성한다.

★ **모티브**(실 2겹, 9장) − 코바늘 8/0호

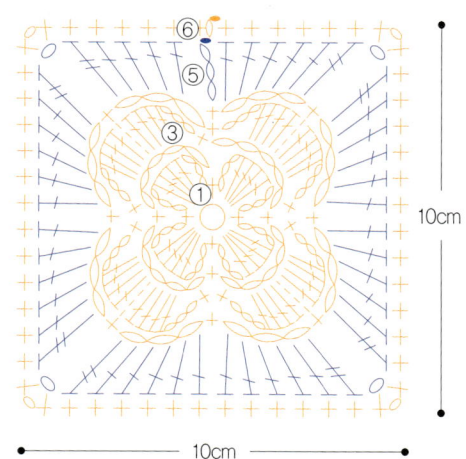

10cm

10cm

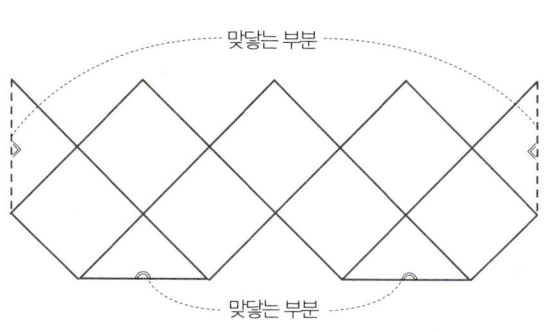

맞닿는 부분

맞닿는 부분

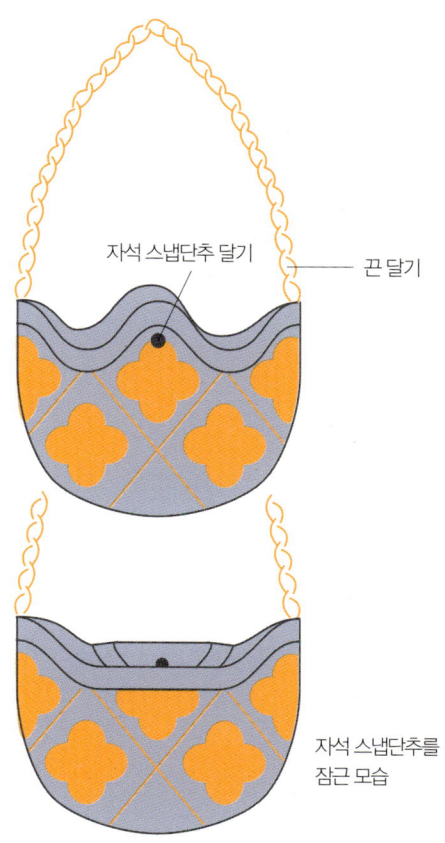

자석 스냅단추 달기

끈 달기

자석 스냅단추를
잠근 모습

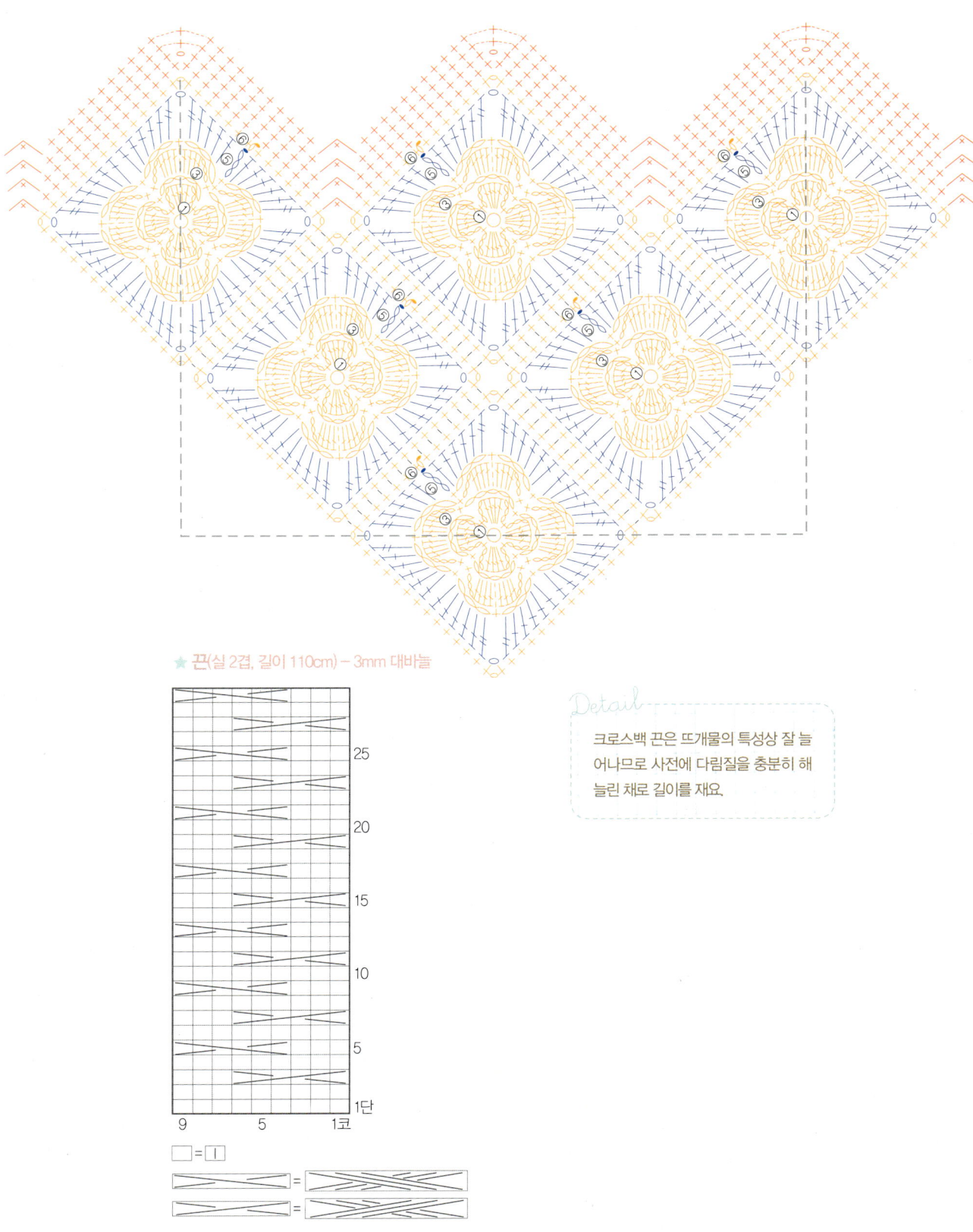

★ 끈(실 2겹, 길이 110cm) – 3mm 대바늘

Detail

크로스백 끈은 뜨개물의 특성상 잘 늘
어나므로 사전에 다림질을 충분히 해
늘린 채로 길이를 재요.

25

20

15

10

5

1단

9   5   1코

□ = □

140

잔꽃무늬 파우치
Floral Pouch

재료 하늘색 마사 80g, 연한 주황색 마사 30g, 아이보리색 마사 약간, 레이스 끈 30cm
바늘 코바늘 2/0호, 코바늘 4/0호
사이즈 가로 19cm×세로 15cm
게이지 10㎠ 무늬뜨기 24코×34단

만드는 법

1 코바늘 4/0호와 주황색 마사를 사용해 사슬코 45코를 뜬 뒤 짧은뜨기 18단을 떠 바닥을 만든다.

2 측면이 시작되는 부분을 원으로 돌려가며 무늬뜨기로 4단 뜬 뒤 하늘색 실로 바꿔 나머지 44단을 더 뜬다. 마지막은 되돌아 짧은뜨기 1단으로 돌린다.

3 코바늘 2/0호와 아이보리색 실을 사용해 꽃 모티브를 떠 파우치 가방 앞면에 투명 실로 꿰매 단다.

4 파우치 입구에 지퍼를 달고 지퍼 끝 고리에 레이스 끈을 끼워 반 접은 뒤 꿰맨다.

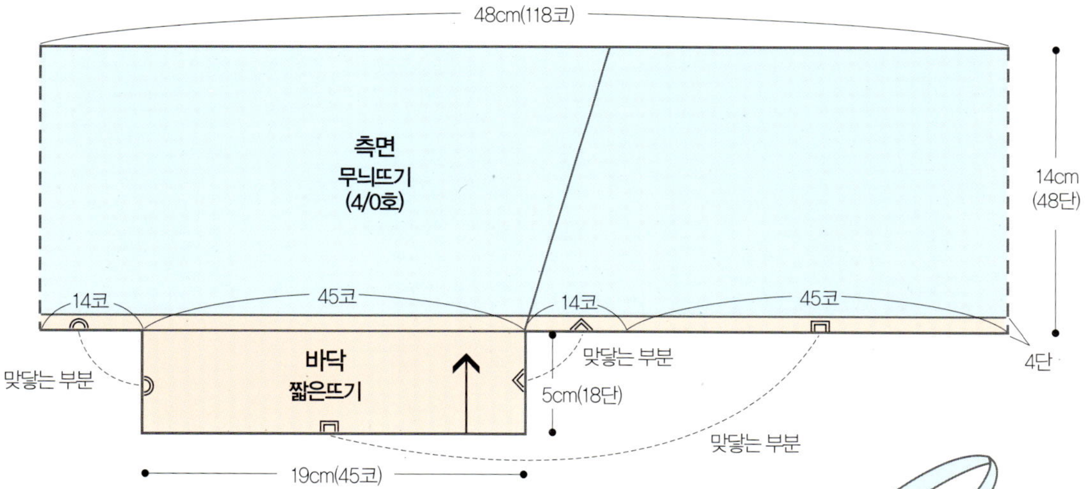

48cm(118코)

측면
무늬뜨기
(4/0호)

14cm
(48단)

14코

45코

14코

45코

4단

맞닿는 부분

바닥
짧은뜨기

맞닿는 부분

5cm(18단)

맞닿는 부분

19cm(45코)

꽃과 나뭇잎을
투명실로 꿰맨다.

구슬 꿰매기

Detail
꽃 모티브 가운데에 구슬 장식을
꿰매면 더 돋보여요

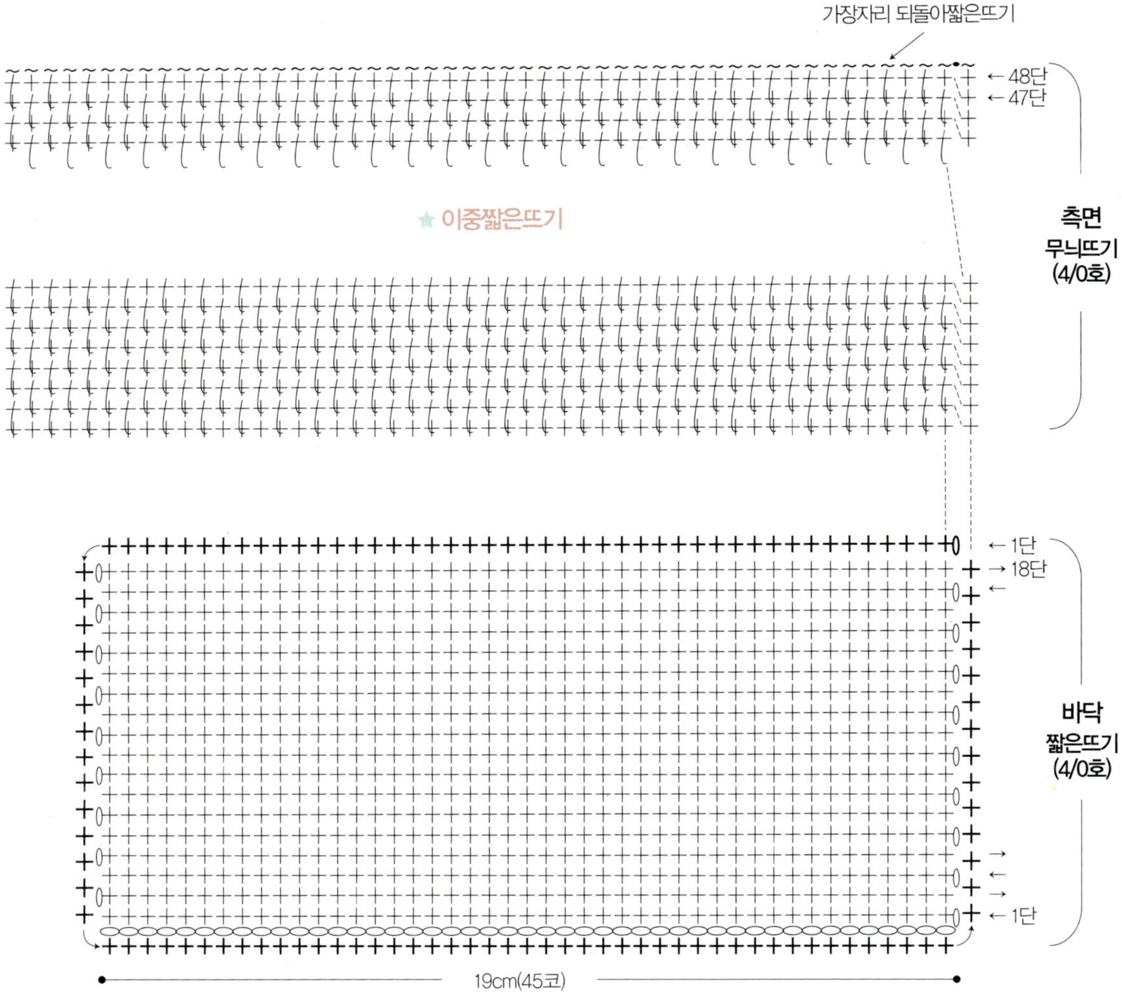

가장자리 되돌아짧은뜨기

← 48단
← 47단

★ 이중짧은뜨기

측면
무늬뜨기
(4/0호)

← 1단
→ 18단
←

바닥
짧은뜨기
(4/0호)

→
←
←
← 1단

19cm(45코)

★ 나뭇잎 모티브 – 코바늘 2/0호

80코 1장
40코 1장
20코 3장

★ 꽃잎 모티브 – 코바늘 2/0호

사슬코 167호(12무늬)

꽃잎을 원으로 돌려 뜨고
가운데를 꿰매 고정한다.

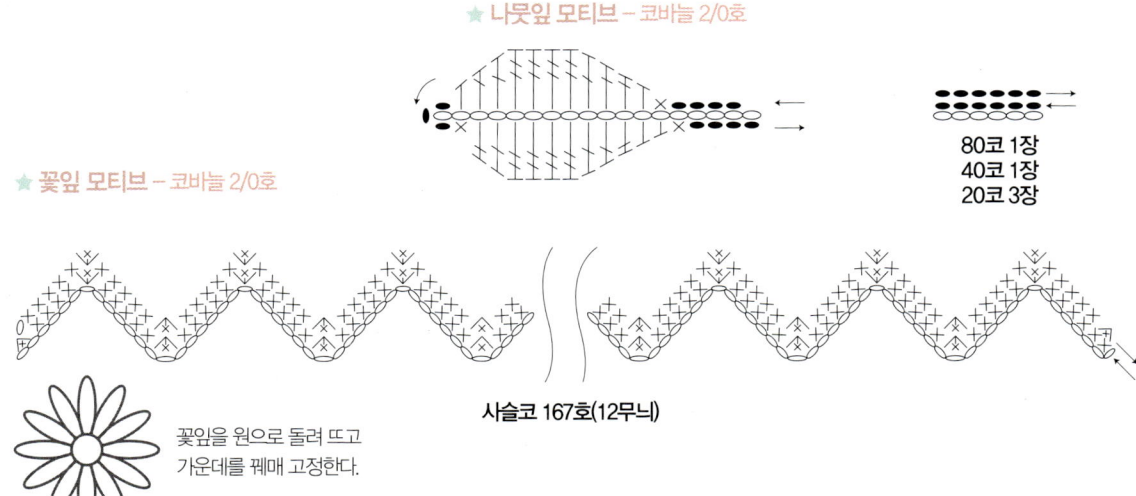

로봇 아이패드 파우치

Robot iPad Pouch

재료 다크 청록색 면사 80g, 네이비색·빨간색·노란색 면사 약간씩, 안감용 천(가로 32cm×세로46cm) 1장, 펠트지(가로 30cm×세로 41cm) 1장, 지퍼 35cm, 장식용 단추, 파란색 펠트지 약간

바늘 3mm 대바늘

사이즈 가로 21cm×세로 31cm

게이지 10㎠ 메리야스뜨기 28코×35단

만드는 법

1. 다크 청록색 면사를 3mm 대바늘로 58코 잡은 뒤 총 108단을 메리야스뜨기한다. 43단부터 네이비색, 빨간색, 노란색 면사를 8단씩 가로로 배색해 더 뜬다.
2. 다양한 면사로 로봇 캐릭터를 도안대로 배색하며 108단을 더 뜬다.
3. 2를 반 접어 별(★)과 세모(△) 모양끼리 맞닿게 놓고 돗바늘로 꿰어 잇는다.
4. 3mm 대바늘로 주머니 입구의 원 둘레를 앞뒤로 80코씩 잡아 총 160코를 줍고 원형으로 가터뜨기 3단을 뜬 뒤 코막음한다.
5. 파우치 안감을 사이즈에 맞게 재단해 겉면끼리 닿게 반 접고 양쪽 옆선 시접 1cm를 둔 채 잔홈질한다.
6. 주머니 입구 부분의 안감 시접 2cm는 바깥으로 꺾고 테두리를 잔홈질한다.
7. 떠놓은 파우치 안쪽에 재단한 펠트지를 넣고 안감 천을 댄 후 공그르기로 꿰맨다.
8. 입구 부분에 지퍼를 달고 그림과 같은 위치에 가죽 끈과 단추를 달아 손잡이를 만든다. 로봇 캐릭터 부분은 단추와 펠트지로 꾸민다.

★ 모양끼리 맞대어 잇기

31cm (108단)

42단

△ 모양끼리 맞대어 잇기

8단
8단
8단

31cm (108단)

42단

21cm(58코)

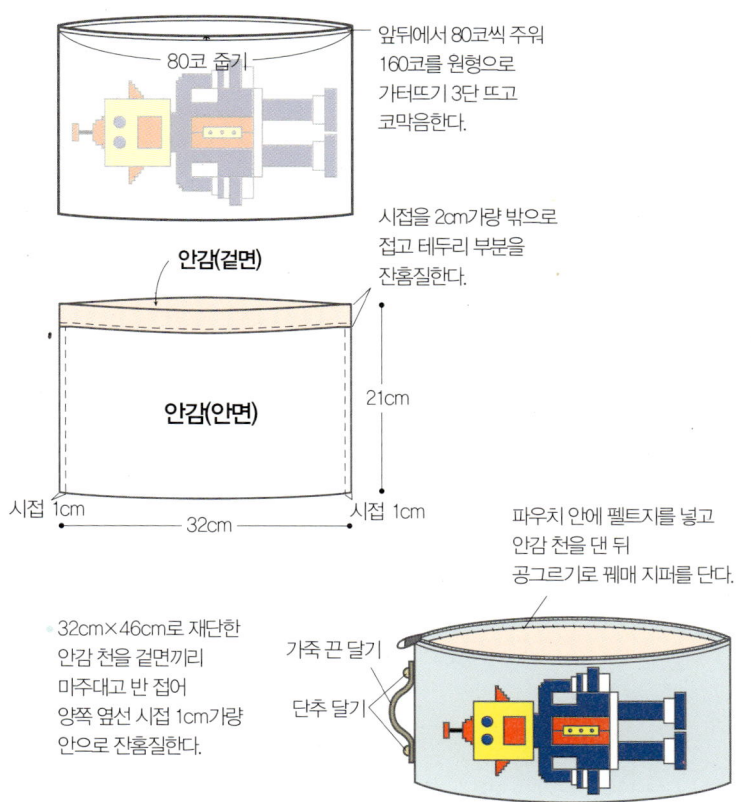

80코 줍기

앞뒤에서 80코씩 주워 160코를 원형으로 가터뜨기 3단 뜨고 코막음한다.

시접을 2cm가량 밖으로 접고 테두리 부분을 잔홈질한다.

안감(겉면)

안감(안면)

21cm

시접 1cm   32cm   시접 1cm

32cm×46cm로 재단한 안감 천을 겉면끼리 마주대고 반 접어 양쪽 옆선 시접 1cm가량 안으로 잔홈질한다.

파우치 안에 펠트지를 넣고 안감 천을 댄 뒤 공그르기로 꿰매 지퍼를 단다.

가죽 끈 달기

단추 달기

143

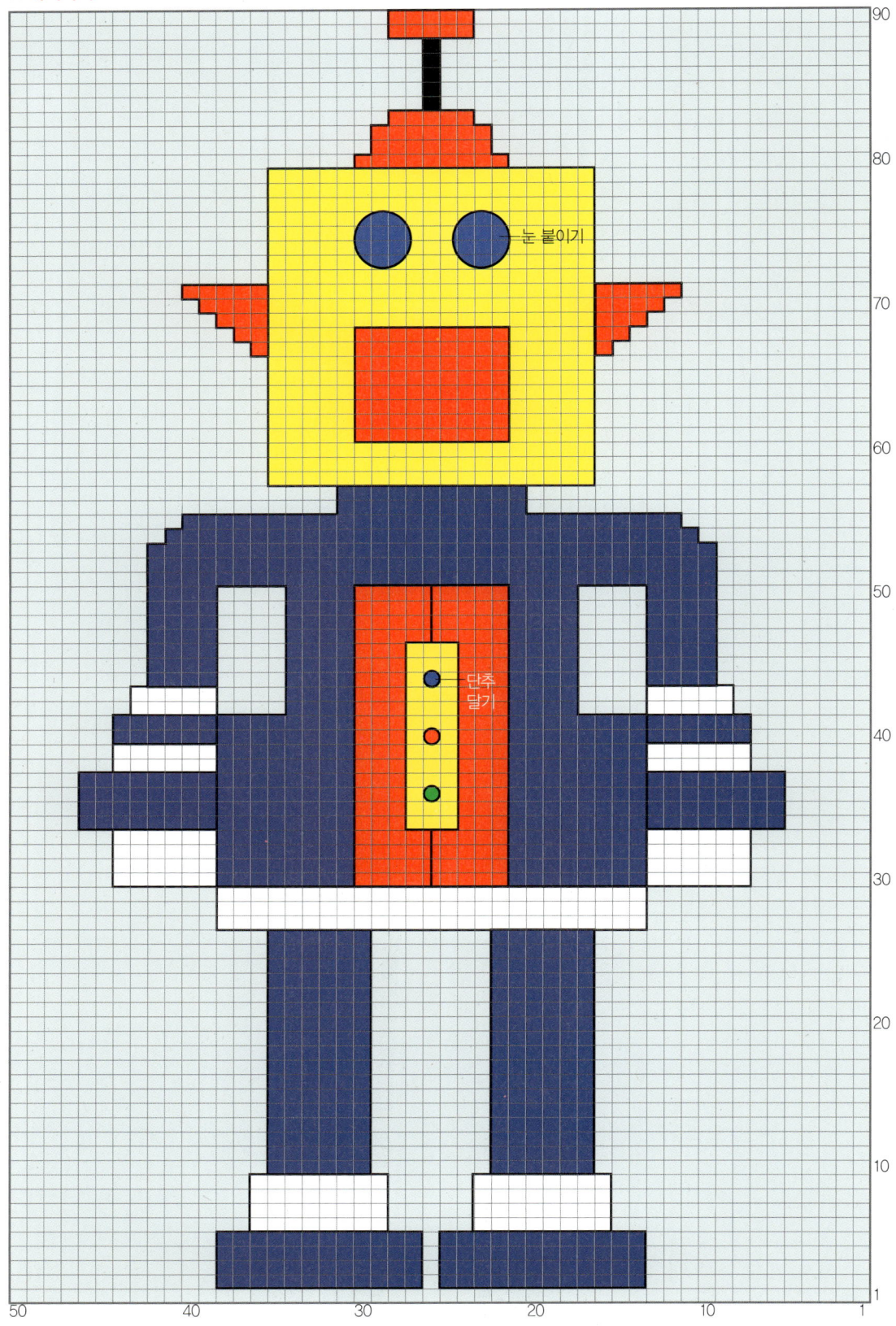

눈 붙이기

단추
달기

>> p.82

옐로우 비치
미니백&모자
Yellow Beach Bag&Hat

재료 노란색 레이온사 80g, 금색 스팽글 장식 리본 1마. 자석 스냅단추 1쌍

바늘 코바늘 5/0호

사이즈 미니백 가로 17cm×세로 13cm

　　　　모자 머리둘레 53cm

만드는법

모자

1 노란색 레이온사는 코바늘 5/0호를 이용해 원으로 만들어 7코로 뜨기 시작한 뒤 원형으로 코를 늘려가며 짧은뜨기해 모자 헤드 부분을 완성한다.

2 모자 챙 부분은 도안과 같이 무늬뜨기로 5단을 뜨고 가장자리는 빼뜨기로 돌린다.

3 사슬뜨기로 만든 노란 끈은 모자 크라운 부분에 리본 모양으로 묶어 글루로 고정한다.

미니백

4 노란색 레이온사를 코바늘 5/0호로 14코 잡아 짧은뜨기로 27단을 뜬 뒤 빼뜨기로 1단을 돌린다.

5 미니백 끈은 약 90cm 길이로 사슬뜨기해 가방 양 옆에 꿰맨다.

6 금색 스팽글 장식 리본을 적당히 잘라 돌돌 말아 원형 장식으로 만든 뒤 가방 앞면에 접착제로 붙인다.

7 가방 입구 안쪽에 자석 스냅단추를 달고 입구 부분에 스팽글 리본을 1줄로 둘러 완성한다.

단수	전체콧수	늘리는 방법
	192코	빼뜨기 1단 돌리기
6	192코	24코 늘리기
5	168코	증감 없음
4	168코	24코 늘리기
3	144코	증감 없음
2	144코	24코 늘리기
1	120코	24무늬 만들기
32~20	96코	증감 없음
19	96코	6코 늘리기
18	90코	증감 없음
17	90코	6코 늘리기
16	84코	증감 없음
15	84코	6코 늘리기
14	78코	증감 없음
13	78코	6코 늘리기
12	72코	증감 없음
11	72코	매단마다 6코씩 늘리기
10	66코	
9	60코	
8	54코	
7	48코	
6	42코	매단마다 7코씩 늘리기
5	35코	
4	28코	
3	21코	
2	14코	
1	원을 만들어 7코로 시작	

(모자 챙: 단수 1~6 / 모자: 단수 1~32)

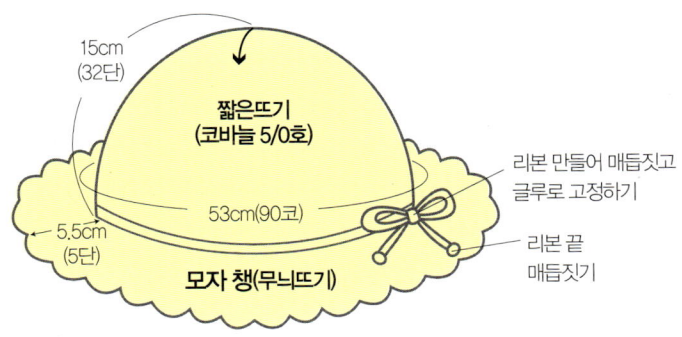

15cm (32단)

짧은뜨기 (코바늘 5/0호)

리본 만들어 매듭짓고 글루로 고정하기

53cm(90코)

5.5cm (5단)

모자 챙(무늬뜨기)

리본 끝 매듭짓기

노란 끈 1개

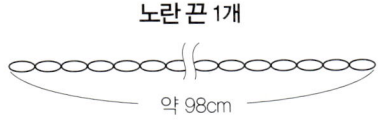

약 98cm

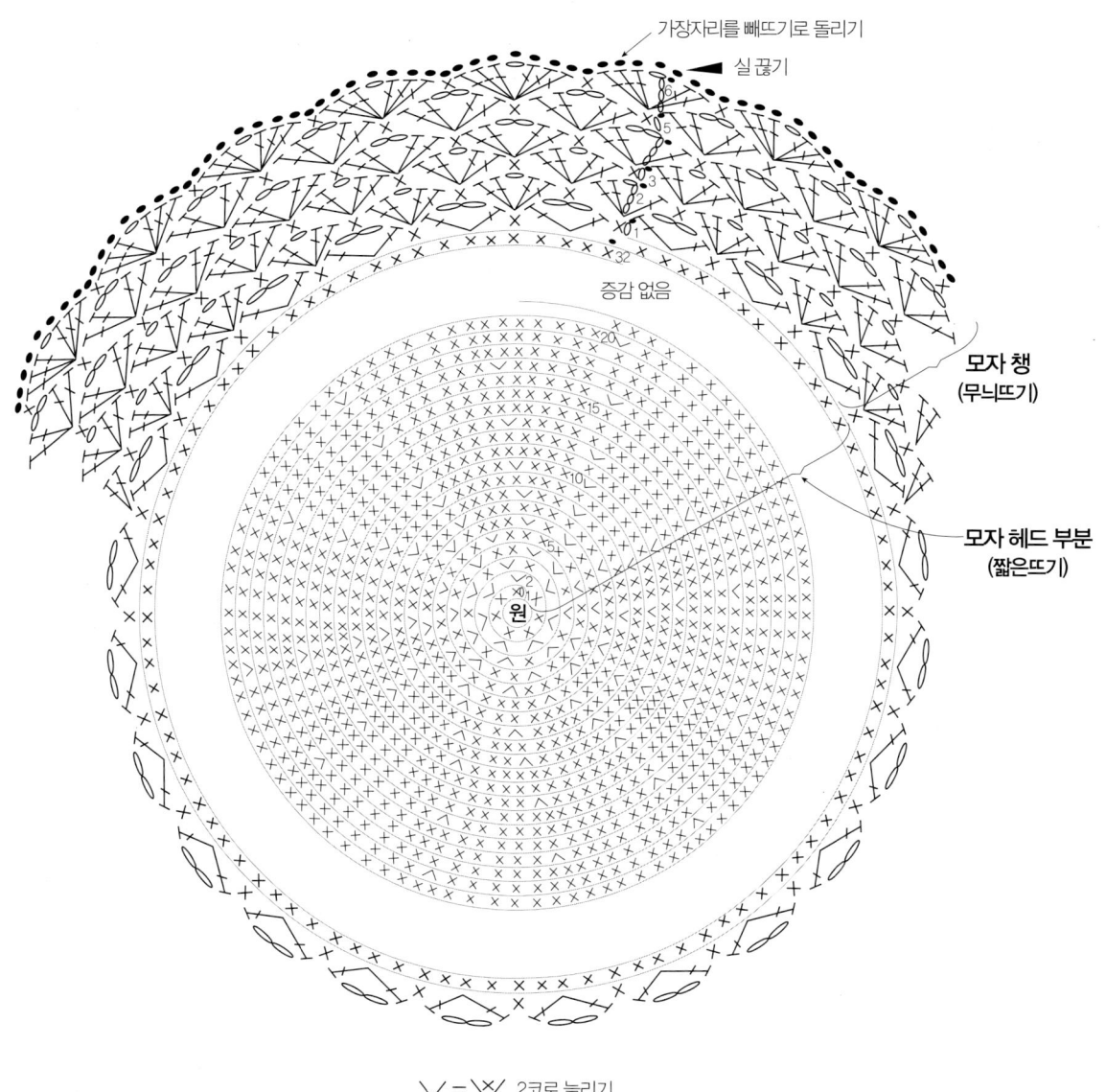

가장자리를 빼뜨기로 돌리기

실 끊기

증감 없음

모자 챙
(무늬뜨기)

모자 헤드 부분
(짧은뜨기)

원

∨ = ⋎ 2코로 늘리기

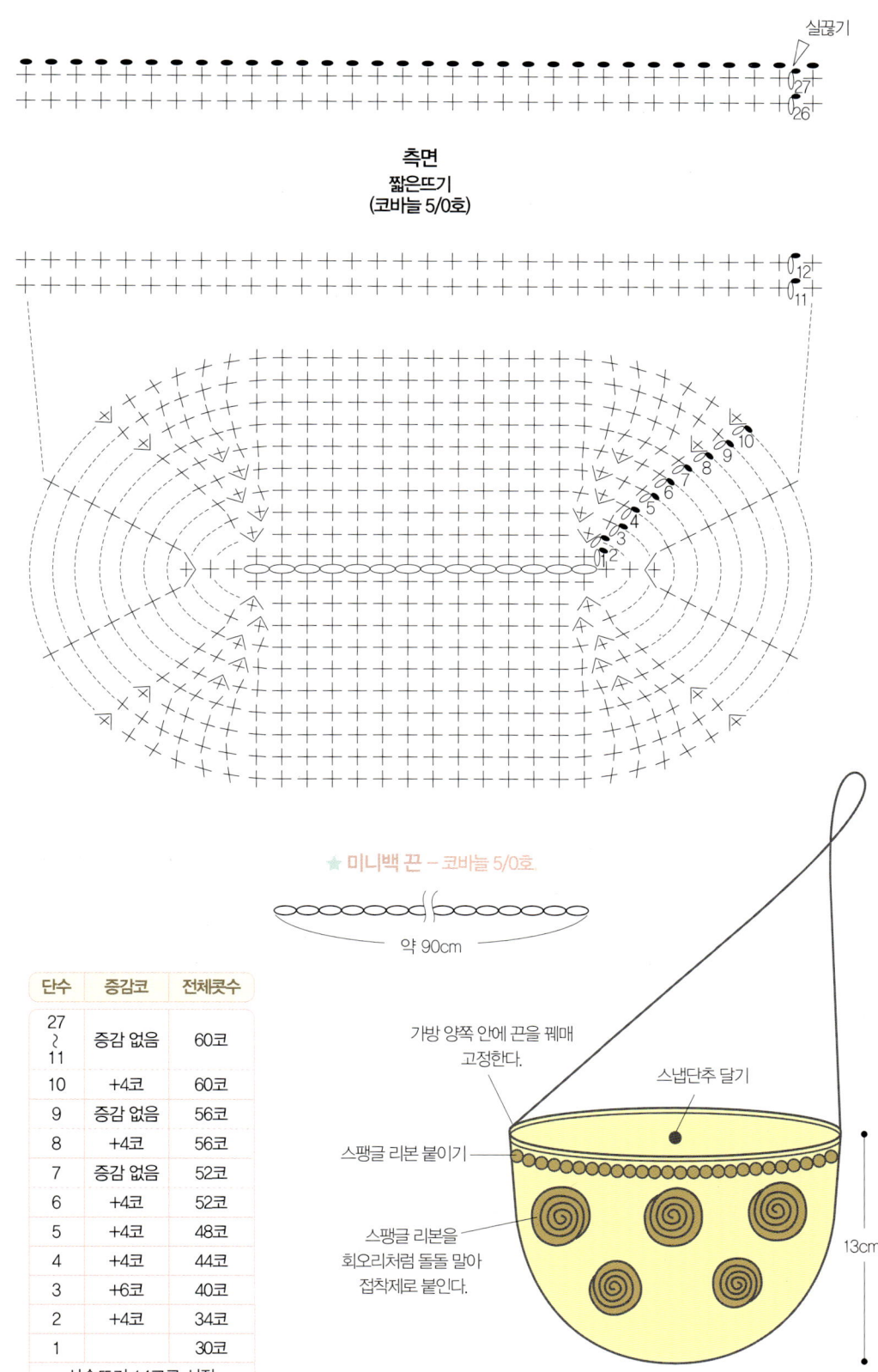

실끊기

측면
짧은뜨기
(코바늘 5/0호)

★ 미니백 끈 – 코바늘 5/0호

약 90cm

단수	증감코	전체콧수
27 ~ 11	증감 없음	60코
10	+4코	60코
9	증감 없음	56코
8	+4코	56코
7	증감 없음	52코
6	+4코	52코
5	+4코	48코
4	+4코	44코
3	+6코	40코
2	+4코	34코
1		30코
사슬뜨기 14코로 시작		

가방 양쪽 안에 끈을 꿰매
고정한다.

스냅단추 달기

스팽글 리본 붙이기

스팽글 리본을
회오리처럼 돌돌 말아
접착제로 붙인다.

13cm

17cm

토끼 미니가방
Rabbit Mini Bag

재료 하늘색·연한 보라색·살구색·노란색·그레이색·아이보리색 면사 50g씩, 안감용 퀼트 천(가로 32cm× 세로 48cm) 1장, 미니 폼폼 방울 장식 약간, 자석 스냅단추 1쌍, 장식용 나무단추 2개, 펠트지 약간

바늘 2.5mm 대바늘, 6mm 대바늘, 코바늘 3/0호

사이즈 가로 30cm×세로 24cm

게이지 10c㎡ 메리야스뜨기 16코×6단

만드는 법

1 6mm 대바늘로 연한 보라색 실을 48코 잡아 메리야스뜨기로 뜬다. 8단마다 색을 바꿔가며 총 144단을 뜨되 8단째와 137단째는 안뜨기로 뜬다.

2 1의 떠놓은 가방 몸판은 길이대로 반 접고 옆선을 돗바늘로 꿰맨다.

3 아이보리색 면사는 6mm 대바늘로 잡아 토끼 얼굴 부분을 메리야스뜨기로 뜬 뒤 가방 앞판에 주머니 입구 부분을 제외한 나머지 부분만 꿰매 단다.

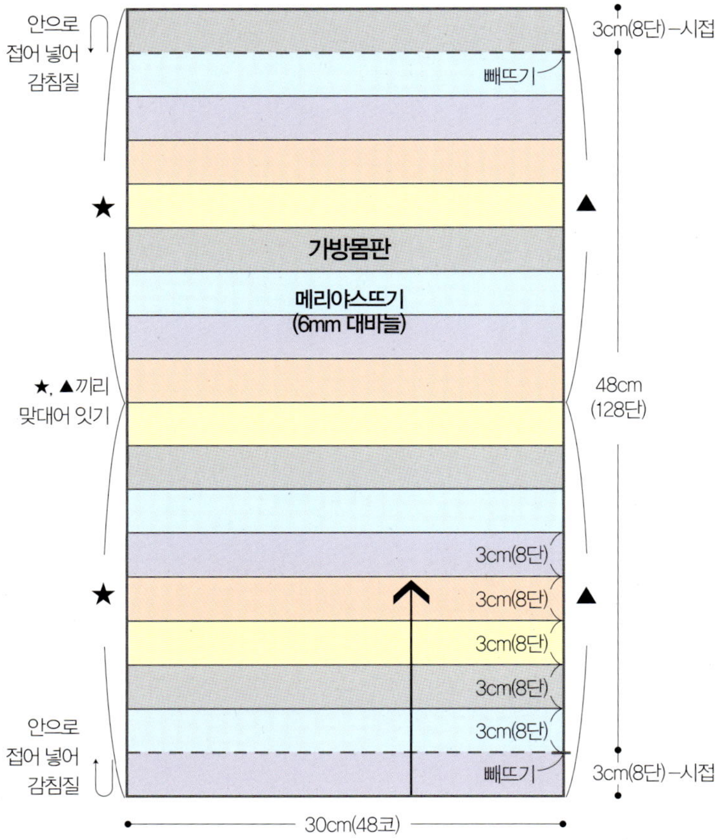

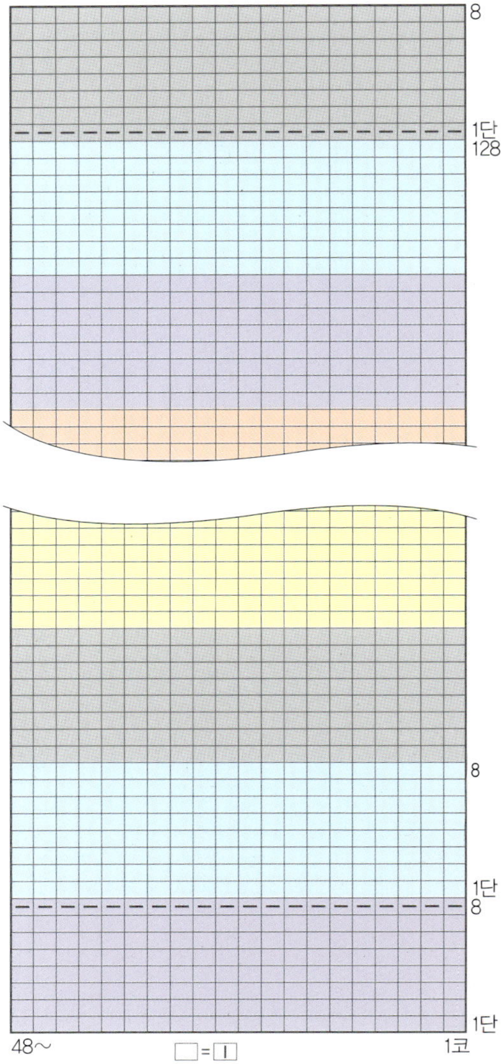

안으로 접어 넣어 감침질

빼뜨기

★

가방몸판

메리야스뜨기
(6mm 대바늘)

★, ▲끼리 맞대어 잇기

48cm
(128단)

★

3cm(8단)
3cm(8단)
3cm(8단)
3cm(8단)
3cm(8단)

▲

안으로 접어 넣어 감침질

빼뜨기

30cm(48코)

3cm(8단)–시접

▲

3cm(8단)–시접

8
1단
128

8
1단
8
1단

48～
□=│
1코

가방 끈을
투명실로 꿰맨다.

안감을 안쪽에 넣고
가방 몸판의 시접 부분을
안으로 꺾어 넣어
감침질로 고정한다.

4 토끼 귀 부분은 도안을 참고해
6mm 대바늘로 18코를 잡아
메리야스뜨기로 2장을 뜨고
각각 반 접어 옆선을 돗바늘로
꿰맨다.

5 토끼 얼굴 윗부분에 4의 귀를
양쪽에 달고 눈은 나무단추를
꿰매 표시한다.

6 토끼 얼굴 부분의 코는 갈색 실
로 새틴 스티치하고 볼은 코바
늘 3/0호로 살구색 실을 잡아
원 모양으로 짧은뜨기해 단다.

7 사이즈에 맞게 재단한 안감용
천은 겉면끼리 마주 닿게 놓고
반 접는다. 양쪽 옆선을 시접
1.5cm 안으로 잔홈질한다.

8 7의 안감을 뜨개 몸판 안에 넣
고 몸판 입구 부분의 시접을 안
으로 꺾어 감침질로 고정한다.

[과정 뒤로 이어짐]

안감(겉)

안감(안)

시접 1.5cm 안을
잔홈질로 꿰맨다.

24cm

1.5cm 32cm 1.5cm

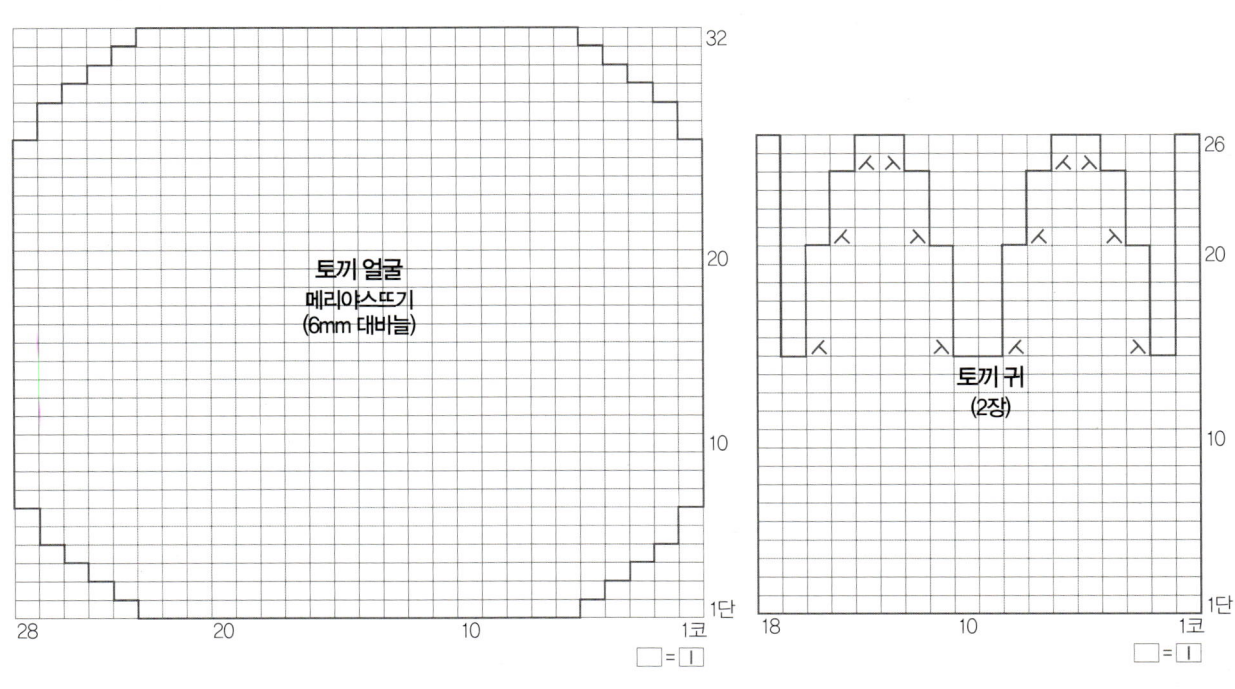

토끼 얼굴
메리야스뜨기
(6mm 대바늘)

토끼 귀
(2장)

□ = I

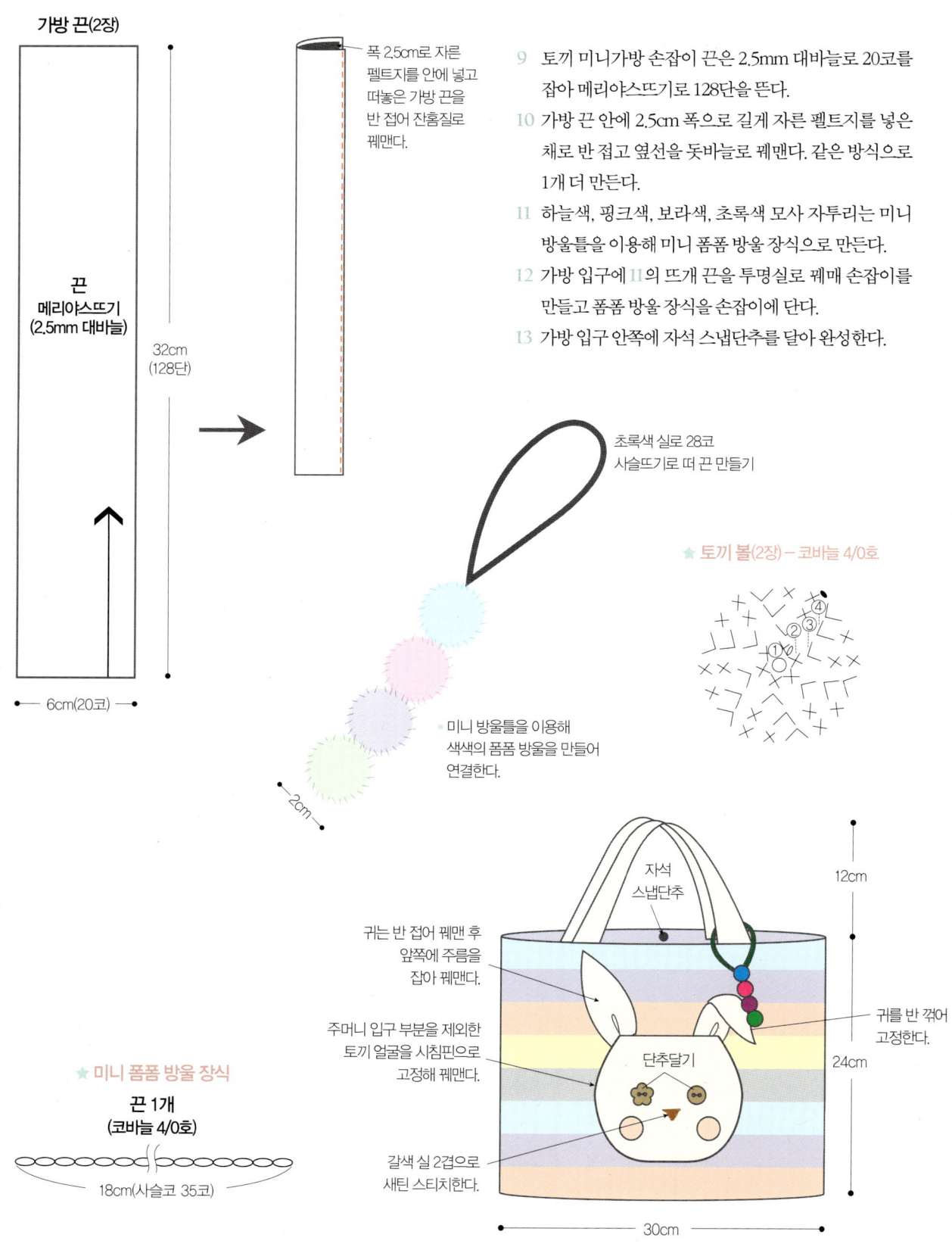

가방 끈(2장)

끈
메리야스뜨기
(2.5mm 대바늘)

32cm
(128단)

6cm(20코)

폭 2.5cm로 자른 펠트지를 안에 넣고 떠놓은 가방 끈을 반 접어 잔홈질로 꿰맨다.

9 토끼 미니가방 손잡이 끈은 2.5mm 대바늘로 20코를 잡아 메리야스뜨기로 128단을 뜬다.

10 가방 끈 안에 2.5cm 폭으로 길게 자른 펠트지를 넣은 채로 반 접고 옆선을 돗바늘로 꿰맨다. 같은 방식으로 1개 더 만든다.

11 하늘색, 핑크색, 보라색, 초록색 모사 자투리는 미니 방울틀을 이용해 미니 폼폼 방울 장식으로 만든다.

12 가방 입구에 11의 뜨개 끈을 투명실로 꿰매 손잡이를 만들고 폼폼 방울 장식을 손잡이에 단다.

13 가방 입구 안쪽에 자석 스냅단추를 달아 완성한다.

초록색 실로 28코 사슬뜨기로 떠 끈 만들기

미니 방울틀을 이용해 색색의 폼폼 방울을 만들어 연결한다.

2cm

★ **토끼 볼**(2장) - 코바늘 4/0호

자석 스냅단추

귀는 반 접어 꿰맨 후 앞쪽에 주름을 잡아 꿰맨다.

귀를 반 꺾어 고정한다.

주머니 입구 부분을 제외한 토끼 얼굴을 시침핀으로 고정해 꿰맨다.

단추달기

갈색 실 2겹으로 새틴 스티치한다.

12cm

24cm

30cm

★ **미니 폼폼 방울 장식**

끈 1개
(코바늘 4/0호)

18cm(사슬코 35코)

Thanks to

차리다 스튜디오
www.charida.com

502 스튜디오
www.502studio.kr

플러스준 스튜디오
www.plusjun.com

작품 어시스트

✴ 성기선 (산본 성기선의 핸드니트) 010-4046-4203

✴ 이현주 (발안 이현주의 핸드니트) 010-8385-3698

✴ 박미자 (정릉 박미자의 아뜨방) 011-740-8897

✴ 신해자 (강서구 손뜨개 사랑) 010-2707-0283

✴ 배정화 (구의동 뜨개 카페) 010-4735-7100

✴ 조보령 www.facebook.com/socutebobo

✴ 원경 (롯데백화점 안양점·롯데마트 수지점 강사)